古代歷史文化 研究輯刊

十九編

王 明 蓀 主編

第 38 冊

徐渭書法研究（上）

賈 硯 農 著

國家圖書館出版品預行編目資料

徐渭書法研究（上）／賈硯農 著 ― 初版 ― 新北市：花木蘭
文化事業有限公司，2018〔民 107〕
目 4+150 面；19×26 公分
（古代歷史文化研究輯刊 十九編；第 38 冊）
ISBN 978-986-485-434-9（精裝）
1.（明）徐渭 2. 學術思想 3. 書法
618   107002329

ISBN-978-986-485-434-9

9 789864 854349

古代歷史文化研究輯刊
十九編　第三八冊　　　　　　　ISBN：978-986-485-434-9

徐渭書法研究（上）

作　　者　賈硯農
主　　編　王明蓀
總 編 輯　杜潔祥
副總編輯　楊嘉樂
編　　輯　許郁翎、王筑　美術編輯　陳逸婷
出　　版　花木蘭文化事業有限公司
發 行 人　高小娟
聯絡地址　235 新北市中和區中安街七二號十三樓
　　　　　電話：02-2923-1455／傳真：02-2923-1452
網　　址　http://www.huamulan.tw　信箱　hml 810518@gmail.com
印　　刷　普羅文化出版廣告事業
初　　版　2018 年 3 月
全書字數　232417 字
定　　價　十九編 39 冊（精裝）台幣 100,000 元

徐渭書法研究（上）

賈硯農　著

作者簡介

賈硯農，中國書法家協會會員，南京藝術學院書法碩士、博士，蘇州大學博士後，淮陰師範學院美術學院書法系主任、副教授，淮安開明書畫院副院長。研究方向：中國書法史論與書畫鑒定。主持《徐渭書畫研究》、《明代蘇州地區書畫作僞研究》課題，在《中國書法》、《美術與設計》（南京藝術學院學報）、《國畫家》、《藝術百家》、《收藏家》、《收藏》、《榮寶齋》等報刊發表論文多篇。曾參加青藤白陽書畫學術研討會、明清書法史國際學術研討會、全國第八、九屆書學研討會等。

提　　要

　　本文對徐渭書法及繪畫接受史進行研究，揭櫫其名望由其生前名不出鄉黨，到其身後雄踞大寫意花鳥畫家榜首地位發生歷變的過程。其書法與繪畫接受過程大致歷經了四個階段：一、生前僅得鄉黨的稱許；二、離世 50 年裡，從少有問津到緩步邁入畫史；三、離世 50 年後到 100年裡，逐步被追認爲書法與繪畫並絕之名家，爲畫壇所取法，畫作入編畫譜；四、離世 100年後，與陳淳並稱爲「青藤白陽」，作爲寫意經典，進入名聲的鼎盛時期，奠定了他在中國繪畫史上舉足輕重的地位。對徐渭書法與繪畫名望如何發展演變的問題罕見深究者，本文考察其書法與繪畫獨特的接受與名聲演化過程，對於合理解讀徐渭人生及其書畫藝術的影響，頗具啓發意義。

　　徐渭生前與離世之初書畫聲名微茫，故作品留存量稀少，筆者疏理徐渭書法與繪畫接受過程時發現，在其名聲鵲起之後，出現大量冒騙者，其數量遠遠高出留存眞跡總量，以至贋託者的風格替代了後人對徐渭本眞書畫風格的認識。而書法風格的「影蔽」問題尤爲突出，本文用了較重的筆墨對其書法風格問題進行考辨，以期能呈顯其原本眞相，並解釋長期以來對其書畫倍感疑惑的諸多問題，爲其在書畫史中準確定位，使之獲得恰如其分的歷史聲望。亦希冀借本文呼籲研究者，能對古代書畫史研究中的書畫風格「影蔽」問題引起足夠的重視。

序

　　乙未春杪，我在淮安有一個講座，屆時約硯農一起喝茶聊天。其間談到了硯農博士論文出版事宜，他告訴我說，準備在天津出，正在修訂。我一直以爲硯農的博士論文頗爲獨特，理應讓更多人讀到，使它的學術價值能得到更充分發揚。

　　硯農與我緣分不淺。黃惇先生是我的好朋友，硯農出於黃先生門下，與我交往有年，此其一；硯農的碩士論文和博士論文答辯我都參加了，而且博士論文答辯，我好像還是答辯委員會主席，此其二；硯農學成離開南京藝術學院之後，回到家鄉的淮陰師範學院任教，不時來南京，總是會與我見面聊聊，談藝術更談人生，如同陶淵明所說的那樣：「脫有經過便，念來存故人。」（《與殷晉安別並序》）倘若我去淮安，也免不了要與硯農小聚，此其三。如此三點，無論如何我們也算是忘年知交了吧。這些年與硯農交往，我最欣賞的是他的善於思考，勤於筆耕，孜孜矻矻，一心向學。他不僅書法好，思致也極爲活躍，稱得上是正當年華的淮上才俊，後生翹楚。

　　硯農的這部著作，視野相當開闊，角度也特別新穎。通體來看，文獻資料豐贍而詳實，見解獨到且縝密。尤爲可貴的是，能言人所未言，時有發人深省的精警之筆，不失爲徐渭研究一項確有眞知卓見的新成果。

　　首先，硯農提出了一個人們普遍感興趣的問題，即徐渭書畫作品爲人們所接受的過程何以那麼漫長？一百年，人們才眞正認知了這位十六世紀的怪傑，並給予他以極高的評價。硯農分四個階段深入細緻地闡述了後世人們對徐渭書畫藝術的接受史，將這一歷史過程揭示得眉目清晰，面貌豁然。我以爲這項工作極有意義，它是藝術史上一個發人深思且饒有意味的問題，它似

乎也具有某種警省意義上的現實針對性，即藝術不是純粹意義上的商品，其價值判斷是要經過歷史的考驗的，至少一百年。大肆炒作，即時吹捧，以及盲目哄抬等等，都是不靠譜的。即便急功近利得意于一時，恐怕時間老人也是不留情面的。不知為什麼，讀此書稿使我油然想起了梵高。這不僅是因為徐渭和梵高生前都孤獨困頓，命運多舛，又都是「瘋狂的天才」，一個痛而割耳，一個斧擊破頭（徐渭亦曾以利錐刺耳），更在於梵高與徐渭一樣，身前的繪畫作品並不被人們看好，其在美術史上名聲大振，獲得崇高地位，也是身後五、六十年之後的事。於是，不由人不聯想到當下，人還活著就輕易地許以名家、大師的頭銜，對照徐渭、梵高的經歷，我們要定論一個書畫家的價值及其在藝術史上的地位，是不是要慎之又慎，甚至不要我們今天說，索性留待後人去評說呢？

與前面的問題相關連，硯農在這部書稿中，也花了不小的篇幅和氣力，做了徐渭書畫作品辨偽存真的工作。我們知道，徐渭傳世作品無多，因其生前及身後數十年間聲名並不顯赫，故作品亡佚者恐不在少數。及待這位天才的怪傑名聲與日俱隆之後，仿冒與作偽者不乏其人，且漸成氾濫之勢。硯農的結論是，冒騙數量遠遠超出真跡留存之總量。這就帶來一個問題，即徐渭書畫本真的風格被仿冒之贗品所遮蔽，一時使人們真假難辨，陷入迷惑與玄疑之中。硯農用「影蔽」這樣一個概念，賦予它特定的語義範疇，可謂意味深長。應該說硯農在這方面是下了很大功夫的。考辨分析，去偽存真，徐渭書畫的本真風格才能得以顯現出來。從第四章我們看到，硯農對存疑和明顯的偽作，考辨分析是過細的，其結論也是令人信服的。如同文書作《春園》四種，竟無一是真跡，足見徐渭書法風格被「影蔽」情形之嚴重，同時亦可知硯農去偽存真工作之功德無量，以徐渭之個性，想其在泉下定當感慨無盡吧。本書「附錄」關於《玄抄類摘》和《筆玄要旨》的考論亦屬此等。廓清疑竇，以正視聽，徐渭有知，當可欣慰。

總之，硯農此著，創獲良多，讀者自可識讀。我在這裡只是撮其要旨略作紹介而已。實際上書中的許多章節皆可獨立成篇，因其中每一個具體問題的解決，都對整體意義上的徐渭研究至關重要。

硯農囑序，無以辭卻。想來硯農是出於兩方面的考慮：一則是我對徐渭研究一向關注，尤其是對徐渭的戲曲作品《四聲猿》、《歌代嘯》，以及戲曲理論著作《南詞敘錄》興趣更濃，即在專業方面硯農的研究與我的專業方向有

所交叉；再則我對硯農的碩、博論文一體化研究一直持支持的態度。按說這個序應該由硯農的導師黃惇先生來寫，黃先生忙於手中的其他課題，我也就不揣譾陋，遂心信手寫下了這篇小序，未知黃先生與硯農以爲如何？更不知讀者方家以爲然否？

硯農正當盛年，從藝治學的路還很長，希望他戒驕戒躁，淬礪奮發，不斷取得新的研究成果。

乙未初秋　王星琦

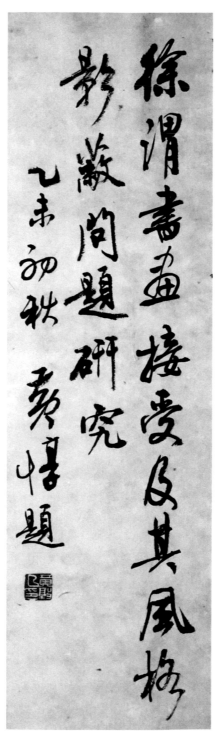

徐渭書畫接受及其風格影響問題研究

乙未初秋 黃惇題

黃惇教授題簽

南京博物館藏徐渭像

《舊雨軒藏帖》刊刻《唐父母帖》（眞）

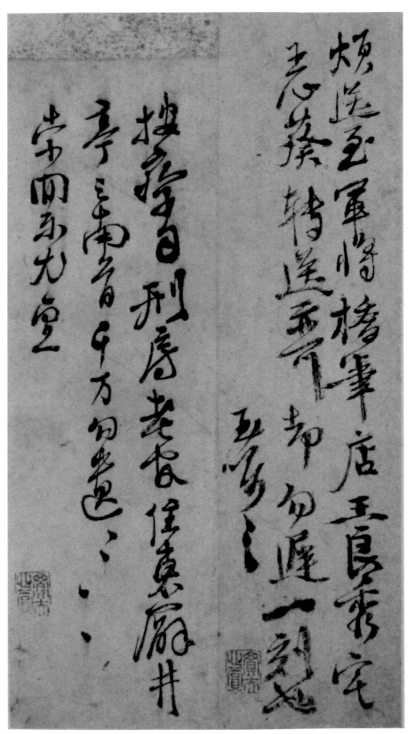

2003 年北京華辰拍品《煩送帖》、《老官帖》（真）

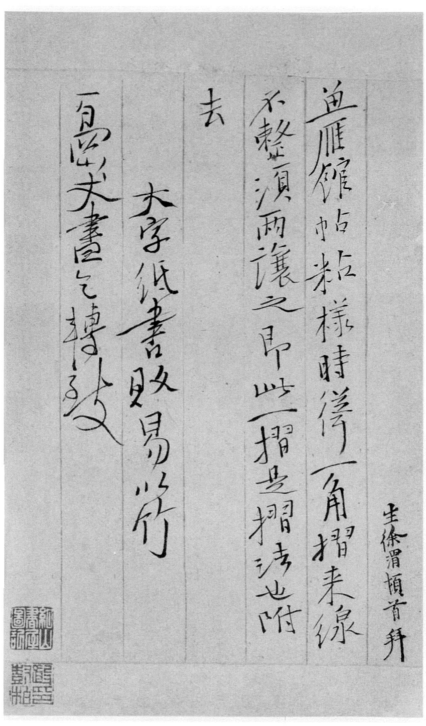

1998 年嘉德春季拍品《魚雁帖》（眞）

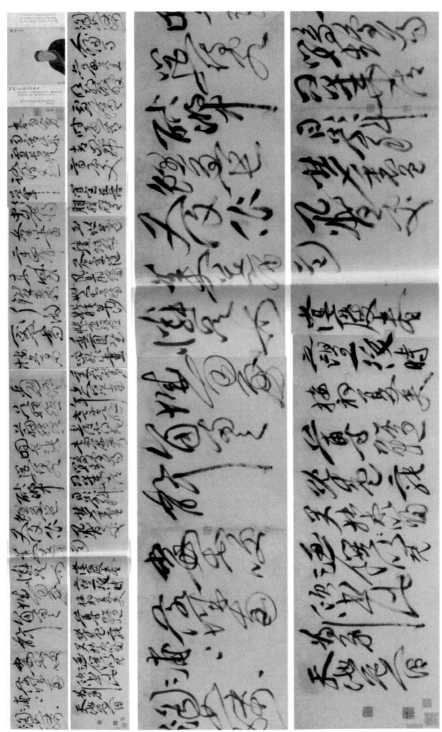

上海博物館藏《春雨》卷（眞）　　28.4×654.5cm

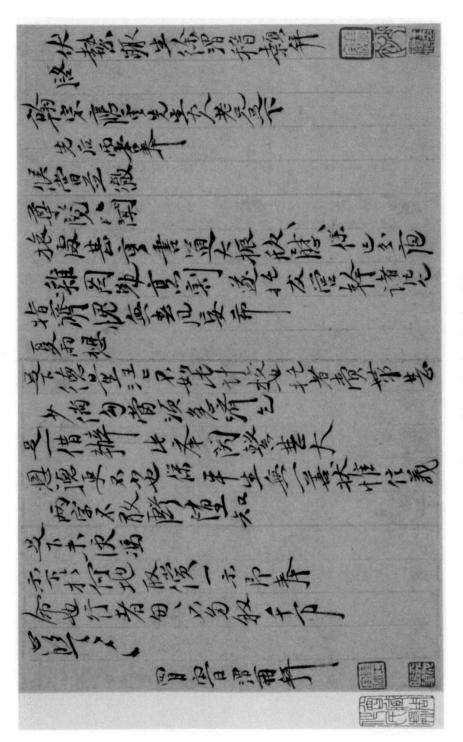

北京故宮博物院院藏《先後帖》（真）

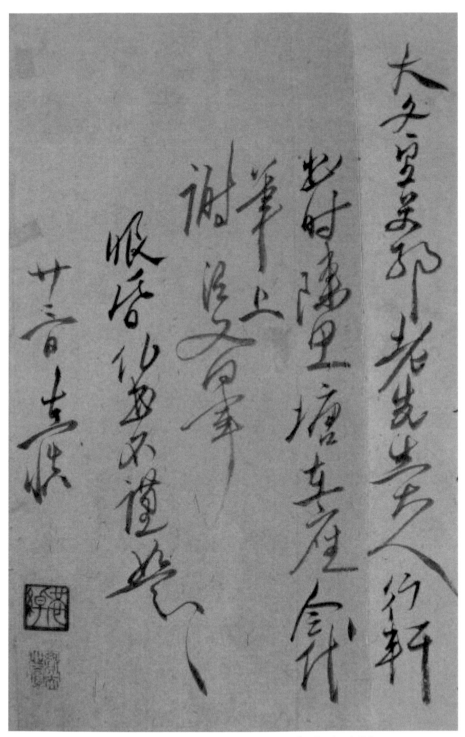

1996 年嘉德拍品徐渭書箚《尊笥貼》部分（眞）

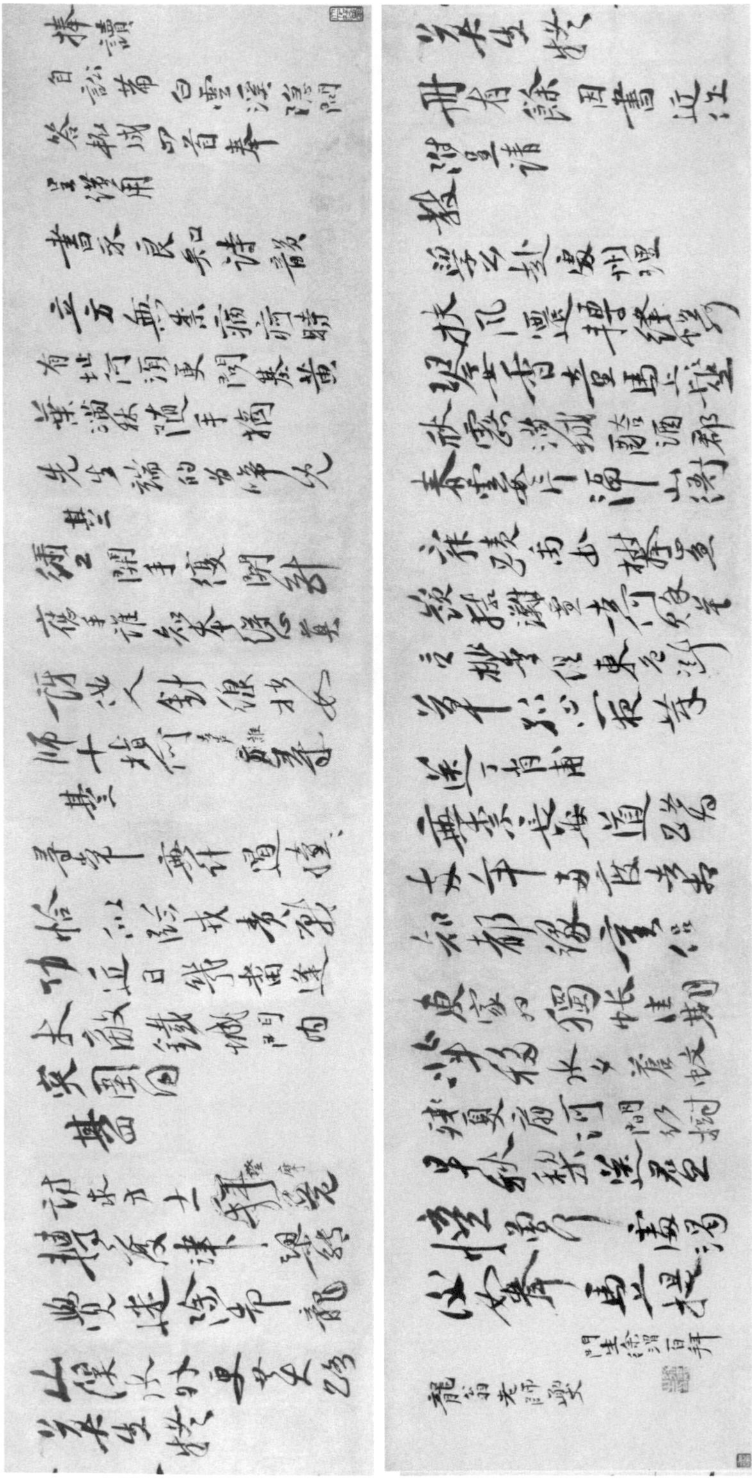

榮寶齋藏《捧讀》詩稿（局） 29.3×193cm

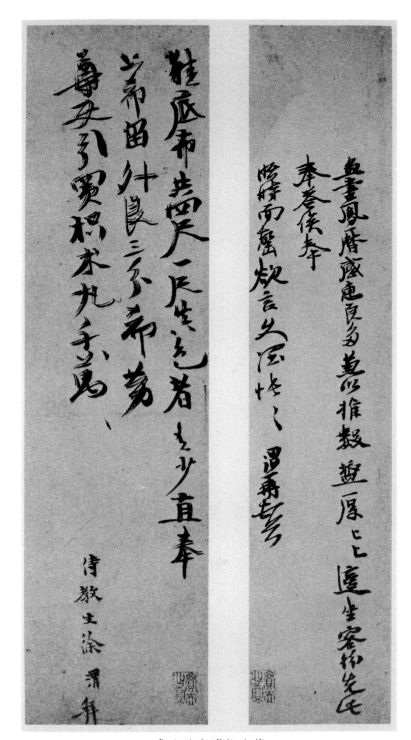

臺北故宮博物院藏

《感惠帖》（眞）　26.9×5.6cm　《鞋底布帖》（眞）　26.9×7.1cm

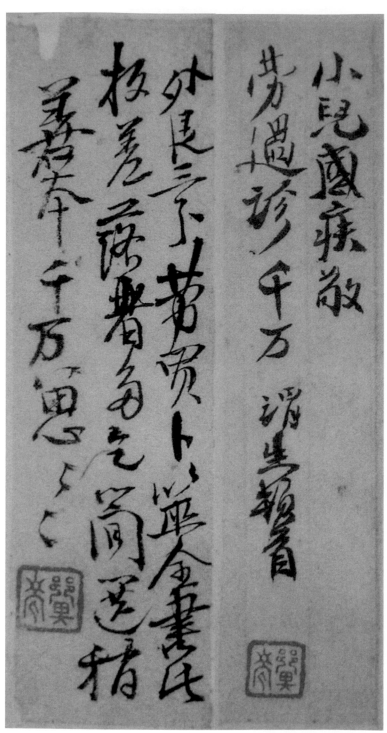

北京故宮博物院藏《小兒感疾帖》、《勞買帖》（眞）

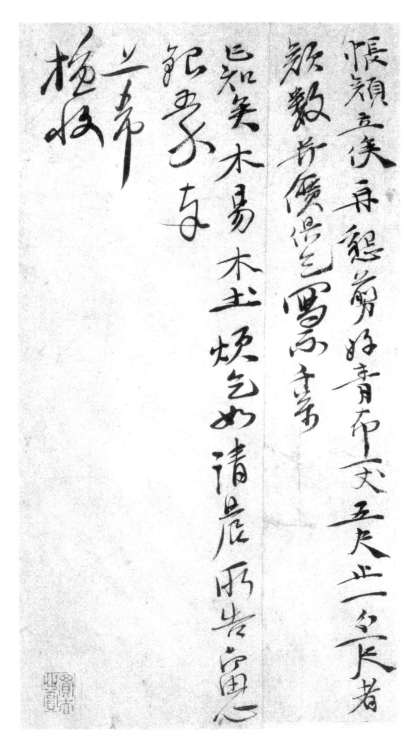

中國嘉德 2006 拍賣食筍齋珍藏中國書法《帳顏筍》（真）

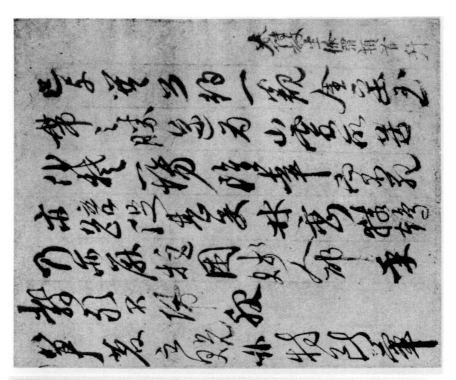

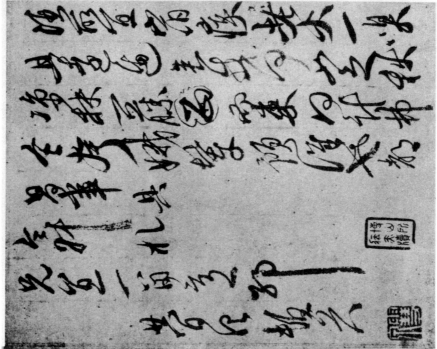

潘博山藏《巽公帖》（真）

紹興徐渭撰並書《三江湯公祠聯》殘柱（眞）　直徑 30cm

南京博物院藏《雜花圖》卷（眞）　　30×1053.5cm

故宮博物院藏《墨葡萄》軸（眞）　166.3×64.5cm

目

次

引　言

　　明清兩代，出現過不少藝文奇人，但像徐渭（1521～1593）這般在詩文、戲劇、書畫等多方面都能有所建樹，並給後代留下深刻印象的，卻也爲數不多。

　　徐渭爲世人所知，一般是通過袁宏道《徐文長傳》的介紹，實際上徐渭早在此前已經名聞鄉里了。隆慶三年（1569）俞憲編選《盛明百家詩》時，收入了徐渭詩一卷（《徐文學集》）共 135 首。萬曆十五年（1587）作爲優秀書家被入編《紹興府志》。萬曆十九年，徐渭的學生陳汝元刻徐渭纂輯的《玄抄類摘》。徐渭去世後，袁中郎才偶然讀到徐渭自己刊刻的已經「煙煤敗黑」「微有字形」的詩歌集，曰「如魘得醒」，稱「有明一人」，他與陶望齡「兩人躍起，燈影下，讀復叫，叫復讀，僮僕睡者皆驚起。」袁氏評徐渭詩歌：「如嗔如笑，如水鳴峽，如種出土，如寡婦之夜哭，羈人之寒起。當其放意，平疇千里；偶而幽峭，鬼語秋墳。」並且說：「余自是或向人，或作書，皆首稱文長先生。有來看餘者，即出詩與之讀。」〔註1〕在袁宏道敦促下，萬曆二十八年由徐渭門人商維濬「購寫合刻」《徐文長三集》二十九卷，並附《四聲猿》一卷刊印；萬曆四十二年鍾人傑把《徐文長三集》刪改爲《徐文長文集》三十卷；萬曆四十五年陸張侯輯印《一枝堂稿》二卷；萬曆四十七年商維濬又修定《徐文長三集》重印；天啓三年張岱輯集外遺文爲《徐文長逸稿》二十四卷。短短的二十多年，徐渭的名聲確實在袁宏道等人的宣播下，隨其文集的不斷刊印得以在更廣闊的空間裏傳播，甚至還出現爭相出版徐渭文集的現象，這本身就是充滿奇趣的故事。

〔註 1〕〔明〕袁宏道《徐文長傳》，《徐渭集》附錄，中華書局 1983（下同），第 1339～1341 頁。

入清以後，1695 年袁氏《徐文長傳》被收入吳楚材、吳調侯編選的啓蒙讀物《古文觀止》，袁宏道所描摹衡定的徐渭形象再一次被廣而告之。如楊兆杏（1798 舉人）曾說過：「余少讀中郎先生《徐文長傳》，以奇筆傳奇人，其人如見，先生亦如見，心嚮往之。」〔註2〕林雲銘（1628～1697）在《古文析義》中說：「以奇字作骨，而重惜其不得志。悲壯淋漓，文如其人。且令天下後世負才不遇者，一齊下淚。」〔註3〕

在戲曲方面，徐渭著《四聲猿》，現存明刊本就有 10 種之多，清初有張韜的《續四聲猿》、清中葉有桂馥的《後四聲猿》，以及仿《四聲猿》的雜劇多種。

如果說徐渭文學成就確實對明清文壇產生過影響的話，那麼他的書、畫藝術傳播與接受的過程又經歷了怎樣的風風雨雨呢？

第一節　徐渭書畫風格存在「影蔽」問題

徐渭在當代書畫領域地位之高，是其生前無法夢見的，他活著的時候幾乎未能得到書畫界的認同，但徐渭的書法，其生前並非沒有知音，如萬曆十五年的《紹興府志》曰：「（徐渭）素工書，既在縲絏，益以此遣日。於古法書多所探繹其要領，主用筆，大率歸米芾之說。工行草、眞，有快馬斫陣之勢。」〔註4〕可惜這種知音太少，這是目前能見到的對徐渭書法作評價的最早的文字，也是袁宏道、陶望齡對徐渭書法作評價的基礎。《紹興府志》雖然非常肯定徐渭書法方面的成就，但未見對其繪畫評介。

與徐渭同時代的收藏家對他也不感興趣，如嘉興項元汴（1525～1590）、王世貞（1526～1590）、韓世能（1528～1598）韓逢禧父子、張丑（1577～1643）、詹景鳳（1532～1602）、吳廷（1557？～1628？）、梁清標（1620～1691）等都未曾提及徐渭。或許因袁宏道的大力推介，始有極少量的人對其書畫予以關注，如沈德符（1578～1642）在《萬曆野獲編》中評說徐文長：「其人高亢狷潔，於人無所俯仰。詩文久爲袁中郎所推戴，謂出弇州上，此

〔註2〕〔明〕袁宏道《梨雲館類定袁中郎全集》二十四卷，原明周文煒刻本。錢伯誠箋校本《袁宏道集箋校》，附序跋，上海古籍出版社 1981。
〔註3〕〔清〕吳楚材　吳調侯編選《解題匯評古文觀止》（下冊），華東師範大學出版社 2002，第 808 頁。
〔註4〕萬曆十五年《紹興府志》。臺灣：成文出版社 1983，第 3333 頁。

自有定論。其所作畫尤脫畦徑，題署則託名『田水月』等號是也，今已有人購之。」〔註5〕也就是說，1606年前後才剛剛有人購藏他的畫作。

　　袁宏道說徐渭書法在文徵明、王寵之上，而董其昌（1555～1636）與袁宏道同年，對袁的宣傳，他不可能不知，陳繼儒（1558～1639）等人與袁宏道（1568～1610）交往也不少，他們對徐渭的詩、文、書、畫都未見片言隻語的評述。

　　《味水軒日記》的主人李日華對徐渭的評論算是比較多的，他說：「讀《徐文長集》，袁中郎宏道表章之，以爲『當代一人』。然其人肮髒，有奇氣而不雅馴，詩則俚而詭激，絕似中郎，是以有臭味之合耳。」又說：「雜劇《四聲猿》，卻是妙手。」〔註6〕我們從一側面可以感受到徐渭的名聲在隨其文集傳播的過程中確實受到了一定程度的關注，但關注並不等於被廣泛認同。《四庫全書總目提要》對徐渭的評價也與袁宏道、陶望齡有別，且多有微詞：「其詩欲出入李白、李賀之間，而才高識僻，流爲魔趣。選言失雅，纖佻居多，譬之急管麼弦，凄清幽渺，足以感蕩心靈，而揆以中聲，終爲別調。觀袁宏道之激賞，知其臭味所近矣。」〔註7〕

〔註5〕〔明〕沈德符《萬曆野獲編》卷二十三。（有萬曆34年序）中華書局1959，第581、582頁。

原文：徐文長（渭）暮年遊京師，余尚孩幼，猶略記其貌。長軀晳面，目如曙星，性跅弛不受羈靮，館於同邑張陽和太史（元忭）家，一語稍不合，即大詬詈，策騎歸。後張歿，徐已癃老，猶扶服哭奠，哀感路人。蓋生平知己，毫不以親疏分厚薄也。徐初以草《白鹿表》，受知於胡襄懋梅林（宗憲），戊午浙闈，胡囑按君急收之。徐故高才，即上第亦其分內。按君搜得之大喜，以授其所善邑令，令丹鉛之。令故爲徐所輕，銜之方入骨，按君暫起輒泚筆塗抹之。比取視，則鴻乱滿紙，幾不可辨矣。徐此後遂患狂易，疑其繼室有外遇，無故殺之。論死，繫獄者數年，亦賴張陽和及諸卿哀力得出。既鬱鬱不得志，益病恚自戕，時以竹釘貫耳竅，則左進右出，恬不知痛。或持鐵錐自錐其陰，則睪丸破碎，終亦無恙。說者疑爲祟所憑；或疑冤死之妻，附著以苦之，俱不可知。而其人高伉狷潔，於人無所俯仰。詩文久爲袁中郎所推戴，謂出弇州上，此自有定論。其所作畫，尤脫畦徑。題署則託名「田水月」等號是也，今已有人購之。文長自負高一世，少所許可，獨注意湯義仍。寄詩與訂交，推重甚至。湯時猶在公車也，余後遇湯，問文長文價何似？湯亦稱賞，而口多微辭。蓋義仍方欲掃空王、李，又何有於文長？

〔註6〕〔明〕李日華《味水軒日記》，《中國書畫全書》第三冊，上海書畫出版社1993～1998年（下同），第1239頁。

〔註7〕《四庫全書總目》卷一七八《徐文長文集》提要。文淵閣《四庫全書》本。

徐渭作爲一位書畫家被接受的過程是漸變的，張岱（1597～1679）是徐渭的崇拜者，他說：「今見青藤諸畫，離奇超脫，蒼勁中姿媚躍出，與其書法奇崛略同。……青藤之書，書中有畫；青藤之畫，畫中有書。」〔註8〕「今見青藤諸畫」的語氣似乎說明徐渭的畫作，他也難得一見。

隨著時間的推移，石濤（1642～1707）說「青藤筆墨人間寶，數十年來無此道」〔註9〕，這一題畫詩從畫家的角度正面肯定了徐渭的藝術成就，同時也顯示了其受眾面應該是較廣的。《四庫全書總目提要》稱：「今其書畫流傳者，逸氣縱橫，片楮尺縑，人以爲寶。」〔註10〕與石濤的說法相呼應。由此看來，徐渭的名聲已經出現了大不同前的轉機。從繪畫史的角度考察活動於清初的寫意畫家八大山人、石濤，以及揚州八怪等，確實都在不同程度上受到了青藤畫風的侵染。如美國波士頓博物館就藏有八大山人仿徐渭的荷花。直到近代吳昌碩、齊白石都對徐渭借鑒不少。齊白石（1864～1957）還作詩：「青藤雪個遠凡胎，缶老衰年別有才。我欲九原爲走狗，三家門下輪轉來！」〔註11〕

徐渭去世以後的三、四十年裏，除了袁、陶二人的傳記以外，徐渭書法和繪畫都很少受到關注，但在徐渭「片楮尺縑」「人以爲寶」的時候，卻有人唱反調，評其書法「縱筆太甚處，未免野狐禪」〔註12〕，這樣的論調，似乎與前人的評價有所衝突，且不合邏輯。徐渭書畫眞有如此「野狐禪」面目，還是我們對徐渭書畫風格的認識出現了問題？

到了20世紀，世人對「野狐禪」面目作品不但不是批評的態度，甚至轉而對其頌揚有加，是審美方式的改變，還是觀賞的視角發生了偏差？是我們主觀的問題，還是徐渭作品自身的問題？抑或是我們看到的作品與古人所見有別？其中很有代表性的觀點是：「徐渭楷體……雖有法而不循法，變化天

〔註8〕〔明〕張岱《跋徐青藤小品畫》，《瑯嬛文集》上海雜誌公司 1935，第 146、147 頁。

〔註9〕〔清〕石濤《四時花果圖卷》題詩，見《藝苑掇英》第三十二期，上海人民美術出版社 1986。

〔註10〕《四庫全書總目提要》卷一百七十八，文淵閣《四庫全書》本。

〔註11〕齊白石《齊白石畫論》，河南人民出版社 1999，第 38 頁。

〔註12〕〔清〕陶元藻《越畫見聞》，《中國書畫全書》第十冊，第 766 頁。陶元藻，字龍谿，號篁村，晚號鳧亭，浙江蕭山人。貢生，詩文有名，而困於場屋，十應鄉試不售。嘗受聘至粵、閩助修郡邑志書，晚構泊鷗山莊於西湖邊。有《泊鷗山房集》、《香影詞》、《雙聲韻譜》等著作十餘種。

然，亂頭粗服，天眞爛漫，毫無輕佻之習，洗盡鉛華之氣，而厚重渾樸之趣溢於意表。這種書法，初看去似乎有點醜拙，細賞之則愈探愈有味，有一種特殊之美深蘊其間。」〔註13〕這種「亂頭粗服」、「狂放不羈」、「用線拙劣」的認識，與袁宏道等人所描述的徐渭風格並不一致，這些作品也是出自徐渭的手筆嗎？甚至有論者說：「他的草書，純粹是個人內心情感的宣洩，筆墨恣肆，滿紙狼藉，不計工拙，所有的才情、悲憤、苦悶都鬱結在扭來扭曲的筆劃中了。」〔註14〕這一評論似乎是把與徐渭相關的所有「傳奇」與「癲狂」加在一起來認識他的書法。

還有一點也值得我們關注，就在陶元藻（1716～1801）「野狐禪」之論發表以後，又出現了言及徐渭多贋本的問題。清張廷枚跋紹興市博物館藏《春興詩》冊說：「天池先生自品平生筆墨，以書居第一，識者以爲至論。遺跡爲四方爭購，近日流傳唯贋本而已，……嘉慶丁巳（1797）春，羅山山人識，時年六十有八。」〔註15〕湯貽汾（1778～1853）說：「傖父紛紛直取鬧，大書青藤名敢盜。」〔註16〕潘曾瑩（1808～1878）也說：「予見青藤墨蹟甚多，眞贋各半。」〔註17〕筆者以爲正是「唯贋本而已」、「眞贋各半」的現狀，給我們正確認識徐渭書畫風格帶來了障礙，徐渭書法和繪畫的眞實風格隨著其名聲的彰顯，受到贋品的衝擊，存在嚴重的風格「影蔽」問題。

所謂「影蔽」，它包含「掩蔽」與「隱匿」兩層含義。「掩蔽」有除了有「遮蔽」的意思外，還有被蓋過、超過的意思。用「影蔽」就可以包含「遮蔽」、「超過」、「隱藏」等多重意義。而用「遮蔽」與「隱藏」有偏重於掩蓋看不到，這與徐渭作品現存狀況並不切合，所以，筆者選用了並不常見的「影蔽」這一語詞，用以揭示徐渭書畫傳播與接受過程中出現的比較特殊的現象。

〔註13〕李德仁《徐渭》吉林美術出版社，1996。第234頁。筆者曾請教李德仁先生，他亦認爲有很多「眞跡」不好。李先生的這段文字後爲謝建華采用，見周群、謝建華著《徐渭評傳》南京大學出版社2006。第397頁。張大風《徐渭書法解析》也採用了這段文字，見《美術報》2008/4/5。

〔註14〕周斌、馬琳《中國書法簡史》，上海人民美術出版社2008，第135頁。

〔註15〕〔清〕張廷枚，字唯吉，號羅山，清餘姚人。諸生，嘉慶元年（1796）舉孝廉方正。著有《棄餘詩草》。

〔註16〕〔清〕湯貽汾跋《徐青藤畫三十六幀》，《虛齋名畫錄》卷十二《中國書畫全書》第十二冊，第540頁。

〔註17〕〔清〕潘曾瑩跋《徐青藤畫三十六幀》，《虛齋名畫錄》卷十二《中國書畫全書》第十二冊，第540頁。

也就是說由於贗品數量遠遠超過眞跡，導致原本的眞實風格被「影蔽」。這裡要強調的是眞跡數量偏少，眞僞混雜，故眞實風格隱匿不顯。

1966 年署名徐渭的《青天歌卷》出土後引發的作品眞僞之爭，是最能體現徐渭書法風格「影蔽」問題的最具典型意義的一次討論。用本文的觀點來看，就是徐渭書法風格遭遇了嚴重的「影蔽」問題。有鑒於此，如何對徐渭的書法及其繪畫去僞存眞，也就成爲本文考察的重點之一。

第二節　徐渭書畫研究的現狀及本文的研究方法

近年來徐渭研究可謂是顯學，每年都有多篇論文見諸報刊。不僅如此，還有以徐渭爲專題的多篇碩、博學位論文面世。當然，這與徐渭詩文書畫及戲曲等多方面的藝術成就值得後人敬仰可供後人探究不無關係。戚世雋的《近年來徐渭研究述要》(《古典文學知識》1996／3)，付瓊的《百年徐渭研究》(《藝術百家》2004／1)，劉洋的《徐渭繪畫研究 50 年綜述》(《美術大觀》2009／10)對近年來的研究都有所概述，其中以付瓊的綜述比較系統，劉洋的綜述在繪畫研究方面闡述比較細膩。付瓊把百年徐渭研究可分爲三個階段：第一階段（1912～1960），可以看作是明清徐渭研究之後又一個時期的開端。第二階段（1961～1979），有專著 6 部，論文 53 篇。其中有關戲曲的 14 篇、繪畫的 13 篇、詩文的 2 篇、研究其生平及青藤書屋的 11 篇、綜合研究 9 篇（部）、其他 10 篇，成果頗可觀。長文有徐崙著《徐文長》（1962 年）、梁一成著《徐渭的文學與藝術》（1978 年）等，考證都比較詳實。第三階段（1980～2002），徐渭研究呈現出向深度和廣度的變化。1983 年中華書局點校《徐渭集》出版，徐朔方稱其「雖不以全集爲名，已有全集之實」，爲研究提供了不少便利。駱玉明、賀聖遂著《徐文長評傳》（1987）、徐朔方著《徐渭年譜》（1993）、王家誠著《徐渭傳》（1993～1996）等從整體考察徐渭的藝術人生。張新建著《徐渭論稿》（1990）研究戲曲理論；蘇東天著《徐渭書畫藝術》（1991）、王長安著《徐渭三辨》（1995）、李德仁著《徐渭》（1996）等從多種角度切入研究，可謂洋洋大觀。

2003 年以後，徐渭研究的熱情依然高漲，檢索「中國知網」四大數據庫文史哲類文章（時間段爲 2003 年至 2010 年），關鍵詞爲「徐渭」的檢索結果是：中國期刊全文數據庫收錄的文章共 309 篇。其中含博士學位論文 5 篇，

碩士學位論文 30 篇。〔註18〕與徐渭書畫研究關係密切一點的博士學位論文有
《凡・高、徐渭比較研究》（南京藝術學院 2004）、《心學與徐渭藝術思想研究》
（中央美術學院 2007）。碩士學位論文有《〈墨葡萄〉與〈向日葵〉》（河南大學
2004）、《徐渭的藝術精神》（貴州師範大學 2005）、《明代中後期徐渭書畫轉型
的成因研究》（四川大學 2005）、《凡高與徐渭》（南京師範大學 2005）、《徐渭
大寫意繪畫風格研究》（河北大學 2006）、《晚明浪漫書風研究》（山東師範大學
2006）、《生命的悲歌 藝術的絕唱——徐渭、凡・高創作心態的比較》（山東師
範大學 2006）、《張旭與徐渭狂草書法比較研究》（南京航空航天大學 2007）、《徐
渭書法與繪畫風格的相關性》（中央美術學院 2007）、《徐渭書學研究》（吉林大
學 2007）、《穿行於人生與藝術創造的維度——徐渭繪畫藝術探析》（廣西師範
大學 2007）、《徐渭花鳥畫風格成因研究》（上海師範大學 2009）、《惟將搏擊應
涼風——試論徐渭的詩書畫一體性》（山東師範大學 2009）、《徐渭花鳥畫風格
成因研究》（上海師範大學 2009）、《文人畫藝術風格研究》（河北大學 2010）、
《狂傲與瘋癲——論徐渭、凡・高癲狂之同象異質》（南京藝術學院 2010）。由
於現存署名的徐渭書畫作品中存在大量贋品，但凡沒有作真僞考辨便採信，進
而對徐渭書畫進行分析研究，即便各有發明，也會存在諸多不合理的推論，又
因與本文要探討的視角區別較大，故筆者在此不作更爲詳細的介紹與說明。其
他相關研究，如付瓊《徐渭散文的特色及其在文學史上的地位》（2004 年博士
論文，2007 年更名爲《徐渭散文研究》由上海古籍出版社出版）、2006 年周群、
謝建華著《徐渭評傳》、張淼《徐渭詩歌研究》（2008 博士論文）、盛鴻郎的《徐
文長先生年譜》（2008 年）等專題研究則比較細膩深入。

　　筆者 2004 年曾撰文《徐渭書法風格與作品辨析》，首次提出現存徐渭書
法與歷史記載中風格不相符合這一觀點，本篇就是對這一問題的進一步深入
探討，在此過程中，筆者還以相關問題參加了 2006 年「乾坤清氣——青藤白
陽書畫學術研討會」（澳門藝術博物館與故宮博物院、上海博物館聯合舉辦）、
2007 年參加了「明清書法史國際學術研討會」（蘇州書協）、2009 入選「全國
第八屆書學研討會」（中國書協主辦）等，算是得到部份專家的認可。近年來
也有少量見諸報刊涉及徐渭書畫辨僞問題的文章，如李普文《雲南省博物館

〔註18〕截止 2017 年 10 月 15 日檢索「中國知網」文史哲類，關鍵詞爲「徐渭」的檢
　　　　索結果：中國期刊全文數據庫 1046 條，中國博士學位論文全文數據庫 9 條，
　　　　中國優秀碩士學位論文全文數據庫 108 條。

藏徐渭〈雜畫卷〉眞僞考辨》，此文也未對徐渭書畫風格提出質疑。〔註19〕今
存徐渭書畫作品（含影印圖版），有幾百件，其中是否存在問題，未見相關的
專題研究論文。劉九庵在《宋元明清書畫家傳世作品年表》的《前言》中說：
「書畫鑒定當以目鑒爲準，輔以必要的考據。故本書所收傳世書畫作品，大
多數作爲本人目鑒爲眞跡者，擇其有記年精要者和書畫家早期、及晚期罕見
者欄入。」〔註20〕此書統計數據顯示劉九庵先生目見徐渭書畫作品13件，最
早的一件是1567年47歲，最晚的是去世前一年1592年冬作《墨花九段圖》
卷，從圖版的作品來看，書法風格多變，水準也良莠不齊。2006年筆者參觀
「乾坤清氣──故宮上博珍藏青藤白陽書畫特展」，臨見館藏作品原件，這眾
多的徐渭「眞跡」「精品」集聚一堂，不但可以互相參照比較其中的風格氣息，
還能較近距離親睹某些用筆細節，徐渭書法風格不統一的感受更加強烈。

　　如果沒有對徐渭書畫流傳與接受過程的疏理，要對今存徐渭書畫作品進
行合理探究將是一件非常困難的事情，或許我們能找出幾件贗品來，但對於
贗本過半的問題，並不能得到很好的解釋。筆者撰寫本文的目的，就是要從
徐渭生前到身後，從無名到有名，從宏觀到微觀，順著歷史發展的脈絡去探
索徐渭書畫如何被接受的過程。帶著這樣的想法，我們還可追尋「青藤白陽」
的源頭，探究「青藤」的根係。「青藤」多方面的成就（詩文、戲曲、書畫）
並不是同時被人們接受，書法與繪畫接受的歷程也各有特色，它們分別在什
麼時候，以什麼方式被接受？袁宏道寫《徐文長傳》的貢獻有多大？袁宏道
是推介徐渭詩文的第一人嗎？如果說「青藤」繪畫影響較大，那麼他的書法
是否產生過影響？徐渭的「傳奇」與「癲狂」是否對徐渭的書畫藝術產生過
重大影響？他「癲狂」前後的作品有區別嗎？今天，徐渭的書畫，似乎比袁
宏道大力推介的詩文更受關注。今天所「認識」或「理解」的徐渭書畫的風
格，是眞實的徐渭風格，還是被一個「僞風格」所「影蔽」的風格？如果眞
的存在「僞風格」，那麼，是什麼時間出現的？爲什麼會出現這樣的「僞風格」？
諸多的疑問既是本文的研究內容，也確立了本文的研究方法。

〔註19〕李普文《雲南省博物館藏徐渭《雜畫卷》眞僞考辨》美術研究2009/01。李普文
　　　　原名李桂生，撰《徐渭繪畫研究》（2002年南京藝術學院博士論文），其中有些
　　　　章節涉獵徐渭書畫作品眞僞考辨的內容，但並未對徐渭風格的問題產生疑問。
〔註20〕劉九庵《宋元明清書畫家傳世作品年表》，上海書畫出版社1997。第4頁。

第一章 徐渭生活時代書畫鑒藏市場與作偽風氣——徐渭不是收藏家接受的對象，不在作偽之列

　　所謂「盛世收藏」，收藏必須有一定的物質基礎，徐渭生活的時代是明中晚期，明代江南地區相對富饒，所以收藏家也多於其他地區。收藏熱的興起又會滋生出苟利者作偽的熱情，楊臣彬先生在《略談明代書畫作偽》中說：

> 中國古代書畫作偽以明代爲甚，特別是明代中後期，作偽地區分佈之廣，作偽者之眾，作偽方法和手段之多變，以及流傳贋品數量之多，均遠遠超過以前任何時代。……明代中後期嘉靖至萬曆年間，隨著封建經濟的進一步發展，全國出現了更多的巨商富戶。這些巨商富戶成了偽書畫的主要銷售對象。[註1]

　　作偽的目的主要是爲了騙取錢財，巨商富戶成了苟利者的主要銷售對象。徐渭書畫在其生活的時代不算名家，不能通過偽造他的作品來騙取更多的錢財。爲了更清楚地瞭解徐渭生活時代的收藏風尚與作偽情況，我們不妨對那個時段的書畫市場狀況作些回望。

第一節 江南收藏熱伴生作偽，書畫名家對作偽態度寬容

　　沈振輝《明代私人收藏家百例辨析》統計結果顯示：張應文《清秘藏》統計明代書畫鑒賞家 30 人；孫從添《藏書紀要》記明代藏鈔本書籍宏富的藏

〔註 1〕徐邦達等《珍寶鑒別指南》，上海文化出版社 1992，第 125 頁。

書家 47 人；姜紹書《韻石齋筆談》記明代富有著述的藏書家 54 人（古代的藏書家並非僅收藏書籍，其中許多人也同樣收藏古玩書畫）。從三書統計藏書家的籍貫來看，大部份爲江南。三份名錄所記收藏家，除去重複者，江浙地區占 81%。其中江蘇有 71 人（都屬於江南），浙江有 16 人。另從時間分佈看大多是進入成化之後的明中後期。〔註2〕由此可見明中晚期書畫鑒藏市場（含藏書）最爲繁盛，此正爲「盛世」的表現。張長虹撰文《晚明徽商與蘇州藝術市場關係研究》，對明代中期以後書畫鑒藏情況作概括：「明代中期以後，隨著江南地區商品經濟的發展，社會上收藏群體崛起，主要收藏家有嘉興項元汴、無錫華夏、蘇州文徵明父子、太倉王世貞兄弟、松江董其昌等。」〔註3〕沈德符也曾對嘉靖末年的鑒藏情況作描述：

> 嘉靖末年，海內宴安，士大夫富厚者，以治園亭、教歌舞之隙，間及古玩。如吳中吳文恪之孫，溧陽史尚寶之子，皆世藏珍秘，不假外索。延陵則嵇太史（應科）、雲間則朱太史（大韶）、吾郡項太學、錫山安太學、華戶部輩不吝重資收購，名播江南。南都則姚太守（汝循）、胡太史（汝嘉）亦稱好事。若輩下則此風稍遜，惟分宜嚴相國父子、朱成公兄弟，並以將相當途，富貴盈溢，旁及雅道。於是嚴以勢劫，朱以貨取，所蓄幾及天府。未幾冰山既泮，金穴亦空，或沒內帑，或售豪家，轉眼已不守矣。

> 今上初年（萬曆初年），張江陵（居正）當國，亦有此嗜，但所入之途稍狹，而所收精好，蓋人畏其焰，無敢欺之。亦不旋踵歸大內、散人間。時韓太史（世能）在京，頗以廉直收之，吾郡項氏，以高價鉤之，間及王弇州兄弟，而吳越間浮慕者皆起而稱大賞鑒矣。

> 近年董太史（其昌）最後起，名亦最重，人以法眼歸之，篋笥之藏，爲時所豔。山陰朱太常敬循，同時以好古知名，互購相軋，市賈又交構其間，至以考功法中董外遷，而東壁西園，遂成戰壘。比來則徽人爲政，以臨邛程卓之資，高談宣和博古，圖書畫譜、鍾家兄弟之偽書、米海嶽之假帖，澠水燕談之唐琴，往往珍爲異寶。吳門新都諸市骨董者，如幻人之化黃龍，如板橋三娘子之變驢，又如

〔註2〕沈振輝《明代私人收藏家百例辨析》，《東南文化》1999/02。

〔註3〕張長虹《晚明徽商與蘇州藝術市場關係研究》，《新美術》（中國美術學院學報）2005/03。

宜君縣夷民改換人肢體面目，其稱貴公子大富人者，日飲蒙汗藥，
而甘之若飴矣。〔註4〕

書畫複製並不一定是作偽，宋代鄧椿《畫繼》卷六記載：「劉宗道，京師
人。作照盆孩兒，以水指影，影亦相指，形影自分。每作一扇，必畫數百本，
然後出貨，即日流佈，實恐他人傳模之先也。」〔註5〕為了防範他人的傳模，
自己先行複製，這種現象畢竟是特例，但至少說明，傳模仿製的事是歷代不
可避免的，而明代亦然。為了記錄真跡和流傳情況，自弘、正以來，已有朱
存理（1444～1513）《珊瑚木難》（弘治、正德間成書）、都穆（1458～1525）
《寓意編》（弘治、正德間成書）、文嘉（1501～1583）《鈐山堂書畫記》（1568
年成書）、孫鳳（？～？）《孫氏書畫抄》（1580年成書）、詹景鳳（1532～1602）
《東圖玄覽編》（1591年成書）、趙琦美（1653～1624）《鐵網珊瑚》（1600年
成書）等多部著錄著作誕生。再後，張丑（1577～1643）著《清河書畫舫》（1626
年成書）、郁逢慶（？～？）著《郁氏書畫題跋記》（1643年成書），汪砢玉（1587
～？）撰寫《珊瑚網》（1643年成書）等，康熙三十二年高士奇（1645～1740）
著《江村消夏錄》（1693年成書），朱彝尊（1629～1709）為其作序時寫道：「凡
古人書畫真跡為卷、為軸、為箋、為絹，必謹識其尺度廣狹、斷續及印記之
多寡，跋尾之先後，而間以己意折衷甄綜之，評書畫者致此而大備焉。」為
了防範偽作，自稱「自詹事之書出，稍損益之不可，雖有大駔鉅狡伎，將安
施之哉？」但實際情況並非如作者想像的那樣簡單，這類書的問世卻也為作
假者提供了方便，以至「今之作偽者未嘗不仿尺度為之，然或割裂跋尾、印
記移真者附於偽，而以偽者雜於真」。〔註6〕更有甚者，崇禎六年（1633）張
泰階〔註7〕還自撰著錄書來對付這種所謂的防範。鄧之誠著《骨董瑣記》記云：

崇禎間，雲間張援平泰階，集所選晉唐以來偽畫二百卷，刻《寶
繪錄》凡二十卷，自六朝至元明，無家不備。宋以前諸畫，皆雜綴
趙松雪、俞紫芝、鄧善之、柯丹邱、黃大癡、吳仲圭、王叔明、袁
海叟題識，終以文衡山。其目有曹不興《海戌圖》，又顧愷之、陸探

〔註4〕〔明〕沈德符《萬曆野獲編》，中華書局1959，第654頁。
〔註5〕〔明〕朱謀垔《畫史會要》卷二，文淵閣《四庫全書》本。
〔註6〕〔清〕朱彝尊《曝書亭集（上冊）》，國學整理社1937，第439頁。
〔註7〕〔明〕張泰階《寶繪錄》，張泰階，字援平，上海人。萬曆四十七年（1619）
　　　進士，《寶繪錄》中著錄六朝隋唐名畫甚多，但多係偽品，題跋亦如出一手。
　　　此書成於崇禎六年（1633）。有金匱書屋刊本、《四庫全書存目叢書》本。

微、展子虔、張僧繇，卷軸累累。其閻立本、吳道子、王維、李思
訓、鄭虔，僅廁名六、七卷中，似若以多而見輕，作偽之情可見。
〔註8〕

我們撇開後人對其行為的道德評價來看《寶繪錄》，這種極端現象出現在
明代崇禎間，正是趨利者與收藏家群體在真偽問題上角逐的表現。其社會基
礎與歷史原因就是江南地區相對富饒，也是藝術市場繁榮的一個側影。

李日華曾記錄了萬曆末年嘉興書畫市場的一些情況〔註9〕：

數日來連觀偽跡。……近日賈客，連艫溢艦紈綺遊從，逐逐相
往來者率此物也，爲之三歎。〔註10〕

今日書畫道斷，賣者不賣，買者不買。蓋由作偽者多，受紿者
不少。相戒吹齏，不復敢入頭□中耳。〔註11〕

近日蘇人書畫舫，滿載係偽惡物。〔註12〕

古玩市場的繁榮往往是假象，古物不能再生，哪有這麼多的古物可供應
市場呢？李日華在虎丘看了一群鬻古者的寶貝後說：

魚目燕石，不勝嘔噦，就中有一二真者。〔註13〕

作偽養活了一批人，更有專靠作偽來致富而出名者。嘉興徐海門，專偽
造碑帖〔註14〕，因此物精良，李日華不禁受其吸引買他的偽物，可見「書畫
市場」與其他「市場」沒有什麼兩樣，有真品，有能夠冒騙的高仿品，自然
也雜有偽劣的仿品。有需求就會有市場，古物自然好，仿品也自有其消費群
體，如今日高檔複製之印刷品，同樣有人欣賞，亦有人收藏。

作偽問題相當複雜，除了私下偷偷作偽者，還有畫家自己協助「作偽」
的問題。有人「作贗品求題以售」，沈周卻「樂然應之」。〔註15〕文徵明對偽
稱自己作品的現象，還有令人難以置信的措辭：「『彼其才藝，本出吾上，惜

〔註8〕鄧之誠《骨董瑣記全編（上冊）》，中華書局，2008，第31頁。
〔註9〕萬木春《味水軒裏的閒居者，萬曆末年嘉興的書畫世界》，參見本書第三章第
二節。中國美院出版社2008。
〔註10〕〔明〕李日華《六研齋二筆》卷一。文淵閣《四庫全書》本。
〔註11〕〔明〕李日華《味水軒日記》，《中國書畫全書》第三冊，第1188頁。
〔註12〕〔明〕李日華《味水軒日記》，《中國書畫全書》第三冊，第1230頁。
〔註13〕〔明〕李日華《味水軒日記》，《中國書畫全書》第三冊，第1250頁。
〔註14〕〔明〕李日華《味水軒日記》，《中國書畫全書》第三冊，第1230頁。
〔註15〕王原祁等《佩文齋書畫譜》卷五十六，文淵閣《四庫全書》本。

乎世不能知，而老夫徒以先飯占虛名也。』其後偽者不復憚公，後操以求公（文徵明）題款，公即隨手與之，略無難色。」〔註16〕

也有不少書畫家窮於應酬，請人代筆的，文徵明亦在其中，如肖燕翼在《陸士仁偽作文徵明書法的鑒考》中說：

> 如文徵明之子文彭、文嘉兄弟，以及文氏弟子錢穀、居節、朱朗諸人曾為文氏代筆作書畫，應該也不排除他們徑直地進行偽作。〔註17〕

清周亮工《讀畫錄》記載：

> 董文敏最矜慎其筆墨。有請乞者，多倩他人代之；或點染已就，僮僕贋筆相易，亦欣然為之題署，都不之計。家多侍姬，各具絹素索畫，稍倦則謠詠繼之，購其真跡者，得之閨房為多。〔註18〕

董其昌書畫精品存世尚多，贋品也不少，清代的吳修在《論畫絕句》中也記錄了相關代筆之事：

> 曾見陳眉公手箚，與子居（沈士充）老兄送去白紙一幅，潤筆銀三星，煩畫山水大堂，明日即要，不必落款，要董思老出名也。

> 今贋董畫充塞天下，若沈子居、趙又度作已為上駟矣。〔註19〕

代筆屬於作偽中比較特殊的一種現象，真正的作偽更為可怕，其速度之快也令人難以想像。摹仿沈周書畫「冀以速售者，亦且數十家」，買主「亦不覈其真贋，輒去以為好」〔註20〕，或許不甚講究的受眾，正是催生作偽市場的原動力，祝允明也有記載快速作偽沈周的事：

〔註16〕〔明〕馮時可《文待詔小傳》，見《馮元成集》，轉引自王頏《吳門繪畫商品化現象初探》，見《中國歷史文物》2003/5。

〔註17〕肖燕翼《陸士仁偽作文徵明書法的鑒考》，見《故宮博物院院刊》第1997/3。

〔註18〕〔清〕周亮工《讀畫錄》卷一（董文敏），於安瀾《畫史叢書》第五冊，上海人民美術出版社1963，第241頁。

〔註19〕〔清〕吳修《論畫絕句》，見黃賓虹、鄧實編《美術叢書》，江蘇古籍出版社1997，第1061頁。

〔註20〕〔清〕沈焯摹杜董畫《南堂餞別圖》卷後。葉道芬錄明仇僮書《送沈維時序》說：「吳郡沈維時，石田先生之子。先生吳門高士也，抱器不試，時於詩書畫寄其高興。人有得其半縑幅楮，莫不寶玩而藏之。由於摹仿丹粉偽為先生之名，冀以速售者，亦且數十。至其印識有缺角者，人亦缺其偽印一角以求似，議者仿之林宗之墊角巾焉。得之者亦不覈其真贋，輒取去以為好，殆亦重先生之高，初不計外之精粗也耶？……弘治八年五月中旬二日，教授北海仇僮序。」見徐邦達《古畫辨偽識真（二）——沈周作品考辨》，《朵雲》第5集，上海書局1982，第227頁。

片縑朝出，午已見副本，有不十日到處有之。凡十餘本者，惟辨私印。久之印亦繁，作僞之家便有數枚。印既不辨，則辨其詩。初有效其書逼眞者，已而先生又通自書之，凡十餘本皆一詩，皆先生筆也。〔註21〕

可以想見，這「凡十餘本」，如果流傳至今，將給後人鑒定帶來多少困難。當時僞造文徵明書畫的情形也是如此。明王世貞曾云：

以故先生（文徵明）書畫遍海內，往往眞不能當贗十二，而環吳之裏居者，潤澤於先生手，幾四十年。〔註22〕

當時僞造文、沈二家書畫者，蘇州就如此之眾，那麼有明一代，僞造其他書畫名家作品的數量之眾便可想而知了。不僅如此，有些作僞的水平還相當的高。比如，明詹景鳳曾記述明代鑒藏家顧汝和親歷的一件事：

太史（文徵明）曾買得沈啓南一《山水》幅懸中堂，予適至，稱眞。太史曰：「豈當眞而已，得意筆也，頃以八百文購得，豈不便宜！」時余欲從太史乞去，太史不忍割。既出，至專諸巷，則有人持一幅來鬻，如太史所買者，予以錢七百購得之。及問，鬻於太史亦此人也。問以語太史，太史好勝，卒不服。〔註23〕

顧氏委婉指出文氏所購沈啓南《山水》爲雙胞胎，文徵明卻認爲是「得意筆」，可以看出作僞也有高水平者。僞造對象是名家，仿品質量還很好，且售價也不高，當然會有市場。這樣也就難免出現知假買假者，也不排除以假充眞，以高價兜售。

作僞現象在古玩界的各行業，已然是非常普遍的現象了，如青銅器、佛像、錢幣、瓷器、書畫碑帖等應有盡有。從事作僞的人有單幹的、也有合作開工廠的、有從小開始培養的、也有一輩子專門從事這一行的。

〔註21〕〔明〕祝允明《記石田先生畫》，見《佩文齋書畫譜》卷九。文淵閣《四庫全書》本。

〔註22〕〔明〕王世貞《弇州山人四部稿·文先生傳》，陳書錄等選注評點《王世貞文選》，蘇州大學出版社2001，第102頁。〔明〕王穉登（1535～1612），在《吳郡丹青志》中說：「（文徵明）寸圖才出，千臨百摹，家藏市售，眞贗縱橫。」於安瀾編《畫史叢書》第四冊《丹青志》，上海人民美術出版社1982，第3頁。

〔註23〕〔明〕詹景鳳《東圖玄覽編》卷二。《中國書畫全書》第四冊，第16頁。詹景鳳（1532～1602）字東圖，號白嶽山人，又號大龍宮客等，安徽省休寧縣流塘村人。詹氏家族幾代好古，收藏收畫和古玩甚豐，而詹景鳳在四歲時就開始模仿堂史詹景宜的畫，從此他一生愛好書畫。

第二節　收藏對象以元前爲主，徐渭作品不可能入藏項家

　　明代藏家的收藏對象是哪些人呢？如鄭銀淑在歸納項氏藏品的時候說：「項氏收藏書畫之嗜好，就朝代來說：最多是宋，次爲元。二代之書畫品約共五百餘件；五代以前之書畫約有五十餘件。」〔註 24〕便前代的元人也沒有得到相當的重視，如王世貞在評價明人收藏的時候說：「畫當重宋，而三十年來忽重元人，乃至倪元鎮以逮明沈周，價驟增十倍……大抵吳人濫觴，而徽人導之，俱可怪也。」〔註 25〕王世貞對這種現象的評價，不僅僅是他個人的看法。我們再從明代蘇州藏家對趙孟頫以外的元人作品的收藏概況來看，藏品數量也是比較稀少的，見下表：

明人收藏元代書畫作品統計簡表〔註 26〕

時代	藏家	被收藏的作者與作品	件數
沈周時代	史鑒	張師道《木蘭畫慢詞》一卷	4件
		錢舜舉《垂絲海棠》	
		鮮于伯機《自書詩文》一卷	
		周伯溫《四體千文》一卷	
	李應禎	倪雲林　手札《二十八帖》	1件
		歐陽玄《雍虞公文序》	2件
	陳橘	朱澤民　手札	1件
	朱存禮	歐陽玄《雍虞公文序》	1件
文徵明時代	文徵明	張雨《自書詩冊》	1件
	鄒惟高	倪瓚《倪雲林詩》	1件
	葉廷光	楊維禎等《方寸鐵志卷》	2件
		《虞邵庵、趙子昂、鄧文原諸家書》	
	華汝得	《元末諸人帖》	2件
		《元末國初人帖》等	

〔註 24〕鄭銀淑《項元汴之書畫收藏與藝術》，臺北文史哲出版社，1984，第 204 頁。
〔註 25〕〔明〕王世貞《觚不觚錄》，見張海鵬、王廷元編《明清徽商資料選編》，黃山書社 1985，第 82 頁。
〔註 26〕相關數據見黃朋《明代中期蘇州地區書畫鑒藏家群體研究》2002 年南京藝術學院博士論文，及葉梅《晚明嘉興項氏法書鑒藏研究》，2006 年首都師範大學博士論文。

葉梅博士論文認爲：「項元汴與項篤壽大量收藏元代名不見經傳的法書，使得大批元代法書經這個家族的收藏得以保留。」〔註27〕而對明人作品則未能如此重視，這裡所說的是重視，而不是沒有，項元汴也藏有少量的明代名家作品，導致這種風氣的原因是前代作品得到了歷史的認同，也爲大多數藏家認可，它們作爲「古董」的性質也可能是吸引人的重要因素。

當代除少數名家被收藏以外，也有非名家被記錄者，如《浙江通志》轉載萬曆《嘉興府志》說：「項元淇，……於書無所不窺，工詩詞，尤好臨摹古法書，善草聖。每遊戲翰墨，尺幅數行，人競寶之。」〔註28〕「遊戲翰墨」、「人競寶之」的事情發生，並非罕見。徐渭也常有這種經歷，從其文集來看可以舉出數例，所以，這一紀錄並不能說明時人作品已被收藏家所重視。項穆、項德新等人在書畫方面也有相當成就，項元汴的孫子項孔彰也是明末著名的畫家。這些名家，並不爲後人所看重，項元汴購買法書最多，而他本人也擅長書畫。董其昌當年論其畫事云：

> 寫生至宣和殿畫院諸名手始具眾妙，亦由徽廟自工此種畫法，能品題甲乙耳。元時惟錢舜舉一家猶傳古法，吳中雖有國能，多成逸品。墨林子醞釀甚富，兼以巧思閒情，獨饒宋意，此諸冊如入山陰道，應接不暇也。董其昌題。〔註29〕

李日華對項元汴的繪畫也極其讚賞，但今日之畫史上還有誰會惦記他呢？據李日華《味水軒日記》看，當時項家人也有作品進入流通領域，如：

> （萬曆三十八年）三月二十一日。夏賈詩畫扇八柄來看，……項子瞻草書一律，項子京秋蘭數葉，平地木一株爲佳。〔註30〕

> （萬曆四十年）三月十六日。與盧緣步至試院前閱市。甚少珍異，止見扇三柄……一爲項墨林寫殷紅寶珠茶花一枝，細雪糝其上，如生。此老餘及與言笑，不意藝事精工至此，徐熙、黃荃豈遂絕跡哉。〔註31〕

〔註27〕 葉梅《晚明嘉興項氏法書鑒藏研究》，2006 年首都師範大學博士論文。

〔註28〕 《浙江通志》卷一百七十九，文淵閣《四庫全書》本。

〔註29〕 〔明〕郁逢慶《郁氏書畫題跋記》卷十《董玄宰題項子京花草冊》，《中國書畫全書》第四冊，第 653 頁。

〔註30〕 〔明〕李日華《味水軒日記》卷二。《中國書畫全書》第三冊，第 1120 頁。

〔註31〕 〔明〕李日華《味水軒日記》卷四。《中國書畫全書》第三冊，第 1165 頁。

　　項家人作品的流通與其收藏之家的特殊背景有關，而徐渭在《陳山人墓表》中言及陳鶴（崔）生前的書畫「市場」也很好，卻並未能進入收藏家的視野：

> 其所作爲古詩文，若騷賦詞曲，草書圖畫，能盡效諸名家，既已間出己意，工贍絕倫。……於是四方之人，日造其庭，盡一時豪賢貴介，若諸家異流，無不嚮慕，願得山人片墨，或望見顏色，一談一飲以爲幸。雖遠在滇蜀，亦時有至者。即不至，幸以書託交，每旬月，積紙盈匣。山人又喜拔窮士，士或往四方，又必借山人片墨以動豪貴人。〔註32〕

　　「願得山人片墨」者，大多爲書畫愛好者，不代表能被收藏家的喜好。不入收藏之家，作品也就不易保存與流傳，陳鶴就屬於這類名家。雖然王世貞對他不以爲然，但能被批評就已是「名家」的表現了。徐渭寫此墓表可能有虛誇的成分，但其「名家」的身份確實吸引了不少慕名求書畫者，李日華《味水軒日記》中，一次也沒有提起這個人。名不見經傳的文人書畫家，除去親朋好友之間的交流欣賞以外，很少有收藏家問津，陳鶴尚不能爲收藏家們所重視，何況連被批評的資格都沒有的徐渭呢？

　　從李日華《紫桃軒又綴》中的一段議論，我們也能感受到收藏家對當代書畫作品接受情況的一些信息，如他說：

> 近日書、繪二事，吳中極衰不能復振者，蓋緣業此者以代力稿，而居此者視如藏賈，士大夫則瞠目不知爲何事，是其沒世而不救也。
> 余嘗謂蘇、黃、米、薛與董、巨、荊、關之在今日，皮毛之遣，徒見珍異，而命脈之斷久矣。〔註33〕

　　從「吳中極衰」、「命脈之斷」的語氣中，可見其對晚近之作的態度。另在《味水軒日記》中顯示李日華看過文衡山《夜泛赤壁圖》、陳白陽《草書賦》、項子京爲三塔僧鑒慧作《行腳圖》長卷等作品以後，感慨道：

> 自子京沒，而東南繪事日入繆習，嗜痂者方復崇之，甚可歎也！
> 一時歡嘩之口，可以簧鼓，千古目豈盡可矇哉？〔註34〕

〔註32〕〔明〕徐渭《徐文長三集》卷二六。見《徐渭集》，第641頁。陳鶴的「鶴」字，自用題款及萬曆《紹興府志》等均用「崔」字，後人多用「鶴」，爲不引起誤解，本文從俗亦用「鶴」字。

〔註33〕〔明〕李日華《紫桃軒又綴》卷二。《四庫全書存目叢書》子部第108冊，第104～105頁。

〔註34〕〔明〕李日華《味水軒日記》，《中國書畫全書》第三冊，第1271頁。

　　項元汴（1525～1590）大李日華40歲，從李日華此條日記的時間來看，項氏已離世26年，此時李日華51歲，當然有人事已非的感受。從當年的畫壇情況來看也確實如此，在這樣一種認識指導下，對當代人的作品，除大名家以外自然不會有太多的興致。萬木春《味水軒裏的閒居者：萬曆末年嘉興的書畫世界》統計說，在近代畫家中也有極少數被其青睞者，在陳道復之外還有文嘉。從年齡上來看，文嘉（1501～1583）大李日華64歲，文嘉去世年，李日華才18歲，在這樣一種時間差面前，李日華小時候很可能見過文嘉，或許有一種名人情結，就連喜歡陳道復這樣的名家，萬木春還覺得很不可思議，用「竟把陳道復與沈周相提並論」等語來評價李日華，好像這是與時代極不合拍的特例。

　　由此可見，晚近之人在收藏家眼中的地位都不太高。但有了名氣就有被作偽的可能，即便在「當代」，也都見載有被作偽的現象，如上文所說沈周、文徵明等。不僅如此，據統計：「李日華記其8年所見作品，其中除了董其昌5件等少數人例外，其他幾乎全是前人之作。可見古畫與今畫有不同的流通渠道，在李日華時代，收購古畫和向畫家求畫是兩種不同的活動。」〔註35〕徐渭書畫交往也基本屬於人情往來的範疇，沒有材料顯示徐渭與有名的收藏家有來往。白謙慎先生研究傅山時說：

　　　　很多的應酬作品是用來進行人情交換，維繫關係的，並無當下直接的經濟動機。而這種使用藝術品的方式，是中國文化中的一個很重要的特點。禮尚往來，人情酬酢存在於各種文化中，只不過在中國文化中，誠如楊聯陞先生所指出的那樣，這種活動具有悠久的歷史，高度的自覺性，並廣泛地應用於社會制度上，產生廣泛而深遠的影響。〔註36〕

　　白先生的這一概括，能夠客觀地反映出當時文人書畫家生活的實際狀態。詹景鳳（1532～1602）與徐渭時代接近，比徐渭晚生十一年，其《詹氏性理小辨》卷四十二的一段記錄，也可以顯示當時收藏界的祈尚：

　　　　往時吾新安所尚，畫則宋馬、夏、孫、劉、郭熙、范寬；元彥秋月、趙子昂。國朝戴進、吳偉、呂紀、林良、邊景昭、陶孟學、

〔註35〕萬木春《味水軒裏的閒居者：萬曆末年嘉興的書畫世界》，中國美院出版社 2008。第110頁。

〔註36〕白謙慎《從傅山和戴廷栻的交往論及中國書法中的應酬和修辭問題》（上）。《故宮學術季刊》卷十六第4期，第95～130頁。

　　　夏仲昭、汪肇、程達，每一軸價重至二十餘金不吝也。而不言王叔
　　　明、倪元鎮，間及沈啓南，價亦不滿二三金。又尚冊而不尚卷，尚
　　　成堂四軸而不尚單軸。〔註37〕

　　元之王叔明（蒙）、倪元鎮（瓚），明之沈啓南（周）尚且不能被推重，
何況他人。詹景鳳《題文太史漁樂圖卷》還記錄了文徵明（1470～1559）初
不爲人所重的情況及其書畫價格變化的大概時間：

　　　要以太史短幅小長條，實爲本朝第一。然太史初下世時，吳人
　　　不能知也，而予獨酷好，所過遇有太史畫無不購者。見者掩口胡盧，
　　　謂購此烏用。是時價平平，一幅多未逾一金，少但三四五錢耳。余
　　　好十餘年後吳人乃好，又後三年而吾新安人好，又三年而越人好，
　　　價埒懸黎矣。〔註38〕

　　文徵明的書畫在其「初下世時」價格是「少但三四五錢耳」，詹景鳳是有
鑒識的藏家，故能先人一步，雖然有「見者掩口胡盧，謂購此烏用」，但他依
然獨自「酷好」。文徵明的名氣，在其當世時已經是非同一般的畫家，其境遇
尚且如此，可見當時的其他非名畫家所能受到的禮遇應當更差。沈德符《萬
曆野獲編》卷二十六「時玩」條說：

　　　玩好之物，以古爲貴，惟本朝則不然。永樂之剔紅、宣德之銅、
　　　成化之窰，其價遂與古敵……始於一二雅人，賞識摩挲，濫觴於江
　　　南好事縉紳，波靡於新安耳食。諸大估日千日百，動輒頃囊相酬，
　　　眞價不可復辨。以至沈、唐之畫，上等荊、關；文、祝之書，進參
　　　蘇、米。其弊不知何極。〔註39〕

　　這段文字概括的作偽對象「沈、唐之畫」和「文、祝之書」已經屬於地
地道道的近代大名家了，可見名頭是被作偽的一項重要指標。嘉興項元汴，
是當代重要的收藏家，明代名人都很少，何況徐渭這樣缺少「書名」之人怎
能得到他的青睞？據鄭銀淑《項元汴之書畫收藏與藝術》統計，《故宮書畫圖
錄》中鈐有項氏偽印之畫跡共六件作品，就連偽跡也多爲宋元人作品，只有一
件明代的《唐寅〈採蓮圖〉文彭書〈採蓮曲〉項元汴畫〈小景〉合卷》〔註40〕，

〔註37〕〔明〕詹景鳳《詹氏性理小辨》，《四庫全書存目叢書》子部第112冊，第574
　　　　頁。
〔註38〕〔明〕詹景鳳《詹東圖玄覽編》，《中國書畫全書》第四冊，第52頁。
〔註39〕〔明〕沈德符《萬曆野獲編》卷二十六，中華書局1959，第653頁。
〔註40〕鄭銀淑《項元汴之書畫收藏與藝術》，臺北：文史哲出版社1984，第81頁。

這也算是「名家之作」了。在這樣一種背景下,我們卻發現今存署名徐渭的作品上竟然鈐有項元汴的收藏印,並被有關專家鑒定爲眞品,這難道不是怪事嗎?

臺北故宮博物院藏徐渭書法作品《秋興八首》卷,其右下角蓋有項元汴無框朱文收藏印「墨林秘玩」,通過比較其他名跡中的眞印,可以認定這是一枚僞印(圖 1-1)。這件作品的尾款寫得有點徐渭的感覺,但正文內容卻顯得很扭捏。這枚「湘管齋」印也是僞印(筆者發現同名僞印有十幾種)。另一件上海博物館藏扇面《杜甫晚出左掖詩》行書冊,也蓋有「墨林鑒賞」白文印(圖 1-2),書法之差就不必多言了,他們都不可能被項元汴收藏過。

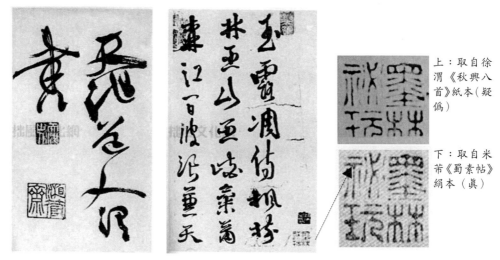

上:取自徐渭《秋興八首》紙本(疑僞)

下:取自米芾《蜀素帖》絹本(眞)

圖 1-1　臺北故宮博物院藏徐渭《秋興八首》卷首、尾款及「墨林密玩」印(疑僞)

據上文引用黃朋與葉梅論文的統計可知,項元汴與項篤壽大量收藏元代名不見經傳的法書,但並沒有明代名不見經傳者。此作品是否有可能爲項氏後人的藏品呢?封治國《項元汴嘉興活動散考:兼論項氏與吳門畫派的關係》和《項元汴家系再考》〔註41〕中,對項氏家族及其後人都有比較詳細的考論。據其文介紹,項氏家人中確實也有喜歡收藏的,比較重要的如項元汴仲兄項篤壽(1521～1586),字子長,號少溪。項篤壽有二子,兄項德楨(1555～1605),字廷堅,號玄池,無史料顯示他搞收藏。次子項德棻(即「項夢原」或「項希憲」),號玄晦,他有過收藏經歷,但也多藏古人名跡。

〔註41〕封治國《項元汴嘉興活動散考:兼論項氏與吳門畫派的關係》,見《新美術》雜誌,2009/2。封治國《項元汴家系再考》,見范景中　曹意強主編《美術史與觀念史Ⅷ》南京師範大學出版社 2009,第 132 頁。

項德楨的長子項鼎鉉（1575～1619），字孟璜，初字稚玉，好扈虛。他寫有《呼桓日記》，其中雖有些涉及書畫方面的記載，但一般認爲其缺乏鑑藏眼光。〔註42〕

圖1-2　上海博物館藏行書扇面《杜甫晚出左掖詩》及「墨林鑑賞」印（疑僞）

項元汴有六個兒子，汪世清先生《董其昌的交遊》一文中有《秀水項氏》一節，對他的六個兒子有所涉及〔註43〕。嘉興傅逅勒《嘉興歷代人物考略》一書也曾排列出項氏六子的次序及名號。〔註44〕筆者認爲項元汴六個兒子及其後人受前輩影響，也不可能收藏徐渭的作品〔註45〕。

〔註42〕參見葉梅《晚明嘉興項氏法書鑑藏研究》2006 年首都師範大學博士論文和萬
　　　 木春《味水軒裏的閒居者，萬曆末年嘉興的書畫世界》，中國美術學院出版社
　　　 2008。
〔註43〕汪世清《卷懷天地自有眞》，臺北：石頭出版 2006，第 152～157 頁。
〔註44〕傅逅勒《嘉興歷代人物考略》，天馬出版有限公司 2005。
〔註45〕項元汴六個兒子及後人的情況：
　　　 長子項德純（1554～1599），原名項德枝，後改名項穆，字貞玄，號蘭臺、無
　　　 稱子，著有《書法雅言》、《貞玄子詩草》等。項穆遺有二子，項皐謨和項思聰。
　　　 次子項德成（約 1570～1622 年）字上甫，號少林。當年他曾出面請董其昌爲
　　　 項元汴撰寫墓誌銘。目前沒有資料顯示其有書畫收藏記載。
　　　 三子項德新（1571～1623），字復初，號又新，其書畫作品有多件存世，他與
　　　 汪砢玉交情甚篤，汪砢玉《珊瑚網》曾著錄其《墨荷》一畫，汪收入時人有：
　　　 莫是龍（1537～1587）、陳繼儒（1558～1639）、湯臨初、文嘉（1501～1583）、
　　　 周天球（1514～1595）、、王伯谷（1535～1612）、張元忭（1538～1588）等
　　　 人書法。《珊瑚網》也收有徐渭兩件題跋作品，見《珊瑚網》卷二十四《書品》，
　　　 所錄爲《徐文長評字手跡》，又《跋停雲館帖》兩件。從江陰繆荃孫（1844～
　　　 1919），乙卯序言來看，這應該並非汪砢玉所見作品，繆氏說：「前人著錄以
　　　 朱存理《珊瑚木難》爲最善，水玉亦沿其例而充之，……又以跋中所見他本，
　　　 並非水玉自藏，或議論同時人所作某卷，均爲編入。」（〔清〕顧炎武編《顧

　　即使等徐渭書畫名聲有所起色的時候，被項家某代人收藏了，也不該用項元汴的印章。這種鈐項氏藏印於徐渭作品的做法，無疑就是畫蛇添足，自露馬腳。

　　筆者列舉明代中晚期贋品充斥書畫市場以及作偽現象的目的，不是要清理市場，而是要說明市場並不為某些收藏家個人美好願望而純潔，這一現實，也並不因為明代的終結而停滯，進入清代，這種現象仍然愈演愈烈。當然，作偽的對象，首當其衝的是古代名人名跡，不要說稍早一點沒有著錄書，即便有了著錄，又能怎麼樣呢？如前文所言及的，作偽者正好利用著錄書交代

氏求古錄》，《叢書集成續編》第 97 冊。新文豐出版公司，第 673 頁。）所以說，是 1626 年成書的汪氏《珊瑚網》，此《評字》與《跋停雲館帖》，剛好是 1623 年張岱編集刊出的《徐文長逸稿》中的文字，其中張岱在《評字》後加注的文字：「先生評各家書即效各家，字畫奇肖，傳有石文。」（徐渭《徐文長逸稿》卷二十四《評字》，《徐渭集》第 1055 頁。）同時也被照錄了。此時正是袁宏道宣傳徐文長以後，名聲漸起的時期，李日華讀《徐文長集》是 1616 年，想必汪砢玉瞭解徐渭，大概也來自也從《徐文長集》所見。如果項德新藏徐渭作品，汪砢玉不至於去抄書。鑒於此，我們也排除項德新收藏徐渭作品的可能。繆荃孫，字炎之，又字筱珊，號藝風，江蘇江陰申港鎮繆家村人。清光緒年間進士。

四子項德明（？～1630）他在文獻中被稱為「項晦甫」、「項晦之」等。（見封治國《項元汴家系再考》，范景中、曹意強主編《美術史與觀念史Ⅷ》南京師範大學出版社 2009。）

五子項德弘（又作「宏」），（？～約 1619 後），字玄度，他繼承了父親的收藏。項玄度與董其昌的關係也是十分密切的。他們的友誼是建立在書畫交往當中的，他們所見皆名家也。受董其昌影響，從審美觀念到對待收藏對象的態度，玄度都可能對徐渭作品感興趣。

六子項德達（？～1609），字秦望。史料考察見胡藝《畫史析疑二題》（見《學林漫錄》第 11 期。中華書局 1985 年），材料源自《太學項君暨配張孺人合葬墓誌銘》記載：墨林公生六子，其季諱德達，字秦望，太學生。馮夢禎《快雪堂日記》在萬曆二十七年己亥（1599）閏四月初一提到他：「閏四月初一，看定武《蘭亭》，范希文，米南宮、宋景濂俱有跋，吳仲圭《西湖十景》冊，文與可《暮靄橫看》高卷，黃山谷跋。惟金庭紫芝，蓋詩託謝康樂，即為偽跡矣。……是日，項晦之、德達各持名卷見示，余獨賞定武水跡本，其為趙子固所藏無疑。」（〔明〕馮夢禎《快雪堂日記》，南京鳳凰出版社 2010，第 132 頁。）德達既持名卷相示，可知他的所好。項德達於萬曆三十七年（1609 年）去世。後來，項聖謨著作《歷代畫家姓氏考》遺世（今國家圖書館藏），項德達的子孫除項聖謨外，還有數人，但與收藏關係不大。值得關注的是項嘉謨。項嘉謨，字向彤，一字君爵。也無材料說明他藏過徐渭。項嘉謨卒於 1645 年「乙酉兵變」中，所以項氏收藏在此輩就已經衰敗。（更詳實的研究可以參看封治國先生的文章）。

的作品樣式作偽，除非過眼人能夠瞭解作品的實際情況，其他人只能是耳聞其「詳」，無法與今日製版印刷圖錄的方法相比，所以鑑定就顯得非常重要。時代在進步，作偽的方式也會不斷翻新，洪再新撰文披露民國時印行的《中華名畫——史德匿藏品影本》就是典型的利用圖版並由名家作序騙人的事例。〔註46〕今天，科技發達了，信息傳遞也很快，對於現當代的書畫作品，如齊白石、林散之、陳大羽等，也有很多真偽難辨的作品流通，情況複雜可見其一斑。如沒有長期的書畫鑑定知識與經驗的積累，也不可能作出恰如其分的判斷。

　　總之，筆者不否認徐渭生活的時代，收藏之風日盛，同時作偽類型繁多，數量驚人。然而這些現象的指向均為名家，在書畫界沒有名氣、「不入俗眼」的徐渭書畫作品，在其生前自然不會受到收藏家們的青睞，更不可能在被偽之列。

〔註46〕洪再新《古玩交易中的藝術理想 黃賓虹、吳昌碩與〈中華名畫——史德匿藏品影本〉始末考略》，見《美術研究》2001/04，2002/01。

第二章　徐渭生前書畫名聲與書畫活動

　　徐渭的繪畫與陳淳並稱爲「青藤白陽」，這是當今書壇、畫壇人所共知的事實。稱頌徐渭、學習徐渭者也代不乏人，石濤就說：「青藤筆墨人間寶，數十年來無此道。」〔註1〕揚州八怪中受青藤影響者也大有人在。吳昌碩、齊白石都無不推崇青藤。徐渭書畫的影響不可謂不大，但從與徐渭相關的史料來看，他生前並沒有這樣的聲望。雖然隆慶三年（1569）俞憲在《徐文學集序》中說：「初生之輝赫黌校也，予實助其先聲。及後聲聞臺省，聲聞督撫，聲聞館閣，則生自有以致之。」〔註2〕實際上其名聲並非廣爲傳佈，陶望齡說其詩與文「名不出於鄉黨」〔註3〕，還說：「居又僻在越，以故知之者少。」〔註4〕袁宏道也在其《徐文長傳》中說：「其名不出於越。」〔註5〕這裡都是針對其詩文之名而言的。即便其詩文名聲不能在更廣的範圍裏傳播，但徐渭畢竟在越地有名，其書畫的名聲還遠不及此，那麼徐渭書畫名聲在其生前到底是何種狀態呢？

〔註1〕〔清〕石濤《四時花果圖卷》題詩，見《藝苑掇英》第三十二期，上海人民美術出版社1986。
〔註2〕〔明〕俞憲《徐文學集序》，隆慶三年作，《徐文學集》收入徐渭詩歌135首。《徐文學集序》見《徐渭集》附錄，第1355頁。俞憲，字汝成，號是堂，無錫（今江蘇無錫）人，官至按察使。
〔註3〕〔明〕陶望齡《徐文長傳》，《徐渭集》，第1341頁。
〔註4〕〔明〕陶望齡《刻徐文長三集序》，《徐渭集》，第1347頁。
〔註5〕〔明〕袁宏道《徐文長傳》，《徐渭集》，第1343頁。

第一節　徐渭生前書畫名不出鄉黨

　　前人對徐渭生平及其交遊的研究比較詳細〔註6〕，所以筆者也無需多言。但對其書畫名聲隱顯狀態的研究，卻罕有人涉及。究其原因，主要是材料太少。

一、張元忭是推介徐渭書法的第一人

　　筆者研究發現，來自外界對其書法的評論，目前可見最早的也是決定其未來書法名聲的重要材料，即萬曆十五年（1587）張元忭與孫鑛主持修纂的《紹興府志》（至丁亥秋七月完稿）〔註7〕，此次入編府志書法類的人物非常少，明代只有張員（一民）、魏驥、沈恪（克敬）、王新建（守仁）、鄒魯遺、陳鶴、楊珂及徐渭，共8人，這是徐渭第一次因書法有所建樹而被載入史冊。歷史在不斷翻新，到現今的時代，八位名家僅剩徐渭一人還能被稱爲書法名家，其他人已經基本不在書法史討論之列。從徐渭書法在萬曆時期「不入俗眼」的境遇來看，能被寫進《紹興府志》，應該是非常幸運的事了，《紹興府志》的《序志》（圖2-1）介紹徐渭說：

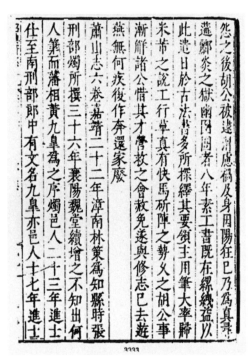

圖 2-1　萬曆十五年《紹興府志》卷五十《序志》書影

> 徐渭亦邑人，少有俊才，工古文，能聲詩，諸生每賦試則高等，而鄉書不薦。武進薛憲副薛應旂督學浙中，大奇之，名益起。未幾，胡總督宗憲招致幕府，委以記室之任，以文辭爲名，有事則授觚焉，

〔註6〕對徐渭生平概述比較詳細的著作有：徐崙《徐文長》、梁一成《徐渭的文學與藝術》、張孝裕《徐渭研究》、駱玉明、賀聖遂合著《徐文長評傳》、王家誠《徐渭傳》、丁家桐《畸人徐文長傳》、李德仁《徐渭》等，具體出版日期與出版社，參見本文所附參考文獻。

〔註7〕萬曆十五年《紹興府志》卷四十九，臺灣：成文出版1983，第3332頁。

胡公甚重之。素狂蕩不羈，既直幕府，猶時出與諸少年遊，遊每深夜，幕府開門待之。間使人覘所爲，還報曰：「徐秀才方持巨盞盛歡呼也。」胡公則喜曰：「甚善！甚善！」又故謬爲無忌諱，每候胡公開府，榮戟雙列，受事者方伏階下，乃衣敝冠白三瀚衣直闖門入，欲以觀其不畏者。然有俠節，不受賄遺，不干胡公以私。顧不無席，氣勢自恣，或以睚眥中傷人人，友畏怨之。後胡公被逮，渭慮禍及身，因陽狂，已乃爲眞，尋遘酈炎之獄，幽囹圄者八年。素工書，既在縲紲，益以此遣日。於古法書多所探繹其要領，主用筆，大率歸米芾之說。工行草、眞，有快馬斫陣之勢。久之，胡公事漸解，諸公惜其才，營救之，會赦免，遂與修志。已，去遊燕，無何疾復作，奔還家，廢。〔註8〕

《紹興府志》卷四十九《方技》還記有：

徐渭，詳《序志》。是懸筆書，所臨摹甚多，擘窠大字類蘇、行草類米。書險勁有腕力，得古人運筆意，恨不入俗眼。吳人稱祝允明曰：「當其窘時，持少錢來乞書，輒隨手得，已小饒，更自貴也。」渭亦然。其論書訣云：「分間布白，指實掌虛，以爲入門，殆布匀不必匀，筆態入淨媚，天下無書矣。握入節，乃大忌。」於古人甚服索靖，以爲精而仿篆。近世書甚取倪瓚，而不滿趙吳興。〔註9〕

這兩段文字，也是最早的徐渭傳記，不管是人生經歷，還是藝文逸事，多爲後代徵引，我們能感受到《紹興府志》在爲徐渭鳴不平。從《紹興府志》同時入編的《陳鶴傳》和《楊珂傳》中（圖 2-2），我們也能夠感知《紹興府志》對陳鶴和楊珂的態度：

陳雀，前附《隱逸傳》。高自位置，恆稱中國。陳鳴野眞書得晉人位置法，頗有韻，第太肥，乏鋒穎。自云出鍾太傅，其徑四五寸以上者，固勁秀絕俗。草效狂素，龍蛇滿紙，亦枯硬，恨結構未密。畫未是當行家，稍能以己意勝。酣餘對客揮毫，亦自翩翩然，總之不若其詩。

〔註8〕萬曆十五年《紹興府志》卷五十《序志》。臺灣：成文出版社 1983，第 3331 ～3333 頁。

〔註9〕萬曆十五年《紹興府志》卷四十九《人物志》。臺灣：成文出版社 1983，第 3298 頁。「精而仿篆」，在徐渭《評字》中作「超而仿篆」，見《徐渭集》，第 1055 頁。

楊珂,見《隱逸傳》。王司寇元美跋其所書《雜詩》云:「余初入比部,時同舍郎吳峻伯論書法輒云:故人楊密圖珂者,今之右軍也!」餘購得此卷,不勝喜,以示峻伯,峻伯字爲之解云:「此非右軍而何?」余時心不能伏,然無以辨之。又數載,稍稍識書法,一日檢故卷出而更閱之,蓋楊生平不見右軍佳石刻,僅得關中諸王邸幡搨《十七帖》,其結構盡訛,鋒勢都失,別作一種細筆而臨摹不已,遂成鎮宅符,又似雨中聚蚓耳,然詩語亦得一二佳者。今聞其人尚在,多作狂草,或從左,或從下,或作偏旁之半而隨益之,其書益弱而多訛,然自負日益甚,詩亦益下。第其爲人瀟灑,食貧,有遺世之度,可念也。〔註10〕

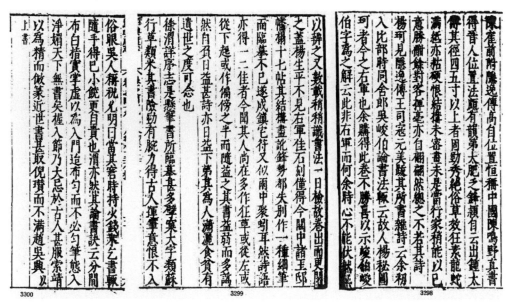

圖2-2　萬曆十五年《紹興府志》卷四十九《人物志》書影

不用筆者多言,讀者自能看出傳記作者對徐渭的偏愛與推舉,而對陳鶴和楊珂則不無微辭。《序志》所言徐渭「素工書」,說明徐渭的書法水平比較穩定,並非一時乘興。「既在縲絏,益以此遣日」,此處強調其在原有的基礎上更有所突破,「於古法書多所探繹其要領」是說徐渭書法學有淵源。「主用筆,

〔註10〕萬曆十五年《紹興府志》卷四十九《人物志》。臺灣:成文出版社 1983,第3298 頁。吳維岳(1514~1569),字峻伯,號霽寰。明孝豐(今屬安吉)郭吳村人。嘉靖十七年(1538)進士。「峻伯字爲之解雲」之「字」字,似爲衍文。或可能有漏「見」字,作「峻伯見字,爲之解雲」始能通順。

大率歸米芾之說」與「工行草、眞，有快馬斫陣之勢」是說徐渭書法的風格特點。在作者讚賞的言辭中，我們一方面能夠感受到徐渭在當時士人眼中，應該有其受眾的，「恨不入俗眼」說明其並未得到更廣泛的認可。「俗眼」者誰人，大約是指當時的書畫收藏家，以及有影響力但未能提攜徐渭的社會名流。

　　《紹興府志》中的觀點主要來自誰呢？從瞭解徐渭，以及與徐渭的關係來看，只有張元忭〔註11〕才是適合的人選。張元忭是張岱〔註12〕曾祖，徐渭因殺妻入獄，張元忭爲救徐渭出獄功莫大焉，徐渭對於張家非常感恩。徐渭《祭張太僕文》說：「公之活我也，其務合群喙而爲之鳴。」〔註13〕徐渭出獄後，還與張家多有往來，如其《畸譜》記其出獄後的萬曆元年：「明日元旦拜張座。」冬天，張家還邀其於壽芝樓中聚會，並賦詩〔註14〕。萬曆二年二月又代張元忭作《季先生祠堂碑》，還有代張元忭作《萬曆二年翰林院中白燕雙乳，輔臣以獻進，兩宮並賞殊瑞，聞而賦之》等〔註15〕。張元忭還讓徐渭參與萬曆《會稽縣志》的編寫，他在萬曆三年《會稽縣志》序中云：「萬曆癸酉冬，元忭以告歸越。……而今之文學士優於史無如徐生渭者。」〔註16〕《紹興府志》中言及徐渭的書法觀念，基本出自後來收入張岱編輯的《徐文長逸稿》裏的《評字》一文。我們比較一下《紹興府志》與《評字》相關文字的異同可見他們之間的聯繫，《評字》說：

〔註11〕張元忭（1538～1588），字子蓋，別號陽和，其先蜀（今四川）人，徒家山陰（今浙江紹興）人。明隆慶五年（1571）狀元，授翰林院修撰。萬曆中爲左諭德兼侍讀。曾與孫鑛合修《紹興府志》，與徐渭同修萬曆三年《會稽縣志》。

〔註12〕張岱（1597～1679）又名維城，字宗子，又字石公，號陶庵。漢族，山陰（今浙江紹興）人。寓居杭州。是明末清初文學家、史學家，其最擅長散文，著有《琅嬛文集》、《陶庵夢憶》、《西湖夢尋》、《三不朽圖贊》、《夜航船》、《白洋潮》等。

〔註13〕〔明〕徐渭《徐文長三集》卷二十八有《祭張太僕文》：「公之活我也，其務合群喙而爲之鳴，若齊桓將存江、黃、溫、弦之小國，而屢盟魯、宋、陳、蔡於春秋也，其同心戮力而不貳。其長公堯夫既遺人以麥矣，而文正樂之，不問其傾舟也。其拳拳如斯事之未了，而竟先以往。意其心若放翁志宋土之復，己不得見，而冀聞於家祭之告，一念與一息而俱留也。」《徐渭集》，第664頁。

〔註14〕〔明〕徐渭《徐文長逸稿》卷四《子蓋太史之歸也，侍慶有餘閒，值雪初下，乃邀我六逸觴於壽芝樓中，余醉而抽賦》。《徐渭集》，第775頁。

〔註15〕更多交往參見《晚明曲家年譜》第2卷《徐渭年譜》，浙江古籍出版社1993，第140～148頁。

〔註16〕萬曆三年《會稽縣志》影印本。

　　黃山谷書如劍戟，構密是其所長，瀟散是其所短。蘇長公書專以老樸勝，不似其人之瀟灑，何耶？米南宮書一種出塵，人所難及，但有生熟，差不及黃之勻耳。蔡書近二王，其短者略俗耳，勁淨而勻，乃其所長。孟頫雖媚，猶可言也。其似算子率俗書不可言也。嘗有評吾書者，以吾薄之，豈其然乎？倪瓚書從隸入，輒在鍾元常《薦季直表》中奪舍投胎，古而媚，密而散，未可以近而忽之也。吾學索靖書，雖梗概亦不得，然人並以章草視之，不知章稍逸而近分，索則超而仿篆。分間布白，指實掌虛，以爲入門，迫布勻而不必勻。筆態入淨媚，天下無書矣，握入節，乃大忌。雷大簡云：「聞江聲而筆法進。」噫，此豈可與俗人道哉？江聲之中，筆法何從來哉？隆慶庚午元日，醉後呼管至，無他書，漫評古人，何足依據！

　　　　（先生評各家書，即效各家體，字畫奇肖，傳有石文）〔註17〕

　　從上文看到張元忭所記徐渭對倪瓚與趙孟頫的觀點，都與《評字》相同。張岱編輯《徐文長逸稿》是在徐渭去世後多年（1623），而張元忭編纂《紹興府志》是萬曆十五（1587）年，張元忭不可能抄錄《徐文長逸稿》，那麼這些文字來自哪裏呢？由於張元忭與徐渭關係密切，很可能這件《評字》原件就由張元忭收藏，而張岱「先生評各家書，即效各家體，字畫奇肖，傳有石文」這句話的來歷，也像是從墨本中來，或許張岱當年還能見到家傳墨本。

　　與張元忭一同編纂萬曆十五年《紹興府志》的孫鑛〔註18〕，是浙江餘姚人，與徐渭同屬紹興府，是僅次於張元忭的編修《紹興府志》的負責人。《書畫跋跋》中有三條與徐渭相關的論書文字，跋索靖書有：

　　　　徐文長曰，吾學索靖書久，雖梗概亦不得，人並以章草視之，

　　不知章稍逸而近分，索則精而仿篆，非深於書學者無此解也。〔註19〕

跋元人書後評倪瓚：

　　　　倪雲林清有餘，第覺稚無力。徐文長獨極稱之，謂其從隸入，輒

〔註17〕〔明〕徐渭《徐文長逸稿》卷二十四，《徐渭集》，第1054頁。

〔註18〕〔明〕孫鑛（1543～1613）字文融，號月峰、湖上散人，明朝大臣、學者，浙江餘姚人。

〔註19〕〔明〕孫鑛《書畫跋跋》，崔爾平選編/點校《歷代書法論文選續編》，上海書畫出版社1993，第290頁。按：「精而仿篆」，《書畫跋跋》與萬曆十五年《紹興府志》相同，《徐文長逸稿》收錄《評字》則作「超而仿篆」，可見孫鑛所錄徐渭文字應該來源於《紹興府志》。

在《季直表》中奪舍投胎，古而媚，密而散，豈鑒以天機耶！〔註20〕

跋《智永千字文》後有：

　　《智永眞草千文》……徐渭文長跋定爲智永跡，雖未可遽謂然，

然不亦唐人臨本，斷非宋代以下人所能作也。〔註21〕

　　這裡雖然沒有正面評價徐渭書法的言論，但轉用徐渭論書之語，至少說明孫鑛還是佩服徐渭古法書鑒賞能力的。即便如此，孫鑛《書畫跋跋》的完成年代，也很可能是徐渭去世以後的事情了。本書在明代僅有抄本行世，可見其流傳亦不廣，直到乾隆庚申（1740）才由其六世孫編次刊行〔註22〕。乾隆時期徐渭書法已經聲名鵲起，對於徐渭名聲的傳播作用不大。

　　徐渭在評論前人的書畫作品時表現出來的深刻與自信，往往成爲後人評論徐渭書畫的一種媒介，但徐渭對於自己書畫作正面評價的卻非常少見。陶望齡稱其自言的「吾書第一、詩二、文三、畫四」之說，卻並沒有見諸徐渭文集，也沒有見諸其《畸譜》。我們能讀到的反而是其謙虛的「予拙於書」的題跋〔註23〕，如果他對於自己的書法眞的自信到超過其詩文的話，我覺得應該在其《畸譜》裏重重地寫下一筆才更合乎情理。何出此言？我們解讀一下他的《畸譜》，可以看到他爲人坦誠與自負的性格特點，如：

　　《畸譜》的《記知》中，凡是誇獎他的溢美之辭都如數記載。何公鼇條下季師（本）誇他：「西漢文字也，好如蕭子雛。」〔註24〕唐先生順之：「稱不容口，無問時古，無不嘖嘖，甚至有不可舉以自鳴者。」〔註25〕沈光祿煉謂毛海潮曰：「自某某以後若干年矣，不見有此人。關起城門，只有這一個。」〔註26〕

〔註20〕〔明〕孫鑛《書畫跋跋》，崔爾平選編/點校《歷代書法論文選續編》，上海書畫出版社 1993，第 309 頁。

〔註21〕〔明〕孫鑛《書畫跋跋》，崔爾平選編/點校《歷代書法論文選續編》上海書畫出版社 1993，第 321 頁。又見萬曆十五年《紹興府志》卷四十九，智永條下。臺灣：成文出版社 1983，3291 頁。

〔註22〕〔明〕孫鑛《書畫跋跋》，崔爾平選編 點校《歷代書法論文選續編》，上海書畫出版社 1993，第 237 頁。

〔註23〕〔明〕徐渭《徐文長三集》卷二十《書朱太僕十七帖又跋於後》：「昨過人家園樹中，見珍花異果，繡地參天，而野藤刺蔓，交戛其間，顧問主人曰：『何得濫放此蓽？』主人曰：『然，然去此亦不成圃也。』予拙於書，朱使君令予首尾是帖，意或近是說耶？」《徐渭集》，第 575 頁。

〔註24〕〔明〕徐渭《畸譜》，《徐渭集（補編）》，第 1334 頁。

〔註25〕〔明〕徐渭《畸譜》，《徐渭集（補編）》，第 1334 頁。

〔註26〕〔明〕徐渭《畸譜》，《徐渭集（補編）》，第 1334 頁。

再有，少時被表揚的幾句話，他也念念不忘。徐渭八歲的時候，其師陸先生批文云：「昔人稱十歲善屬文，子方八歲，校之不尤難乎？噫，是先人之慶也，是徐門之光也！所謂謝家之寶樹者，非子也耶？」〔註27〕知縣劉㫤批曰：「可喜可喜，務在多讀古書，期于大成。」〔註28〕十四歲從王廬山先生學琴：「止教一曲顏回，便自會打譜。」〔註29〕

而對於其感恩與憎惡之隱私，《畸譜》也一併記入。如在十歲這一年，對其養母苗宜人愛恨交加的複雜情感：「教愛渭世所未有也，渭百其身莫報也。然是年似奪生我者。」〔註30〕他毫不隱晦地指出苗宜人賣了他生母這件事情（徐渭生母為奴僕，是徐渭父親所納之妾。徐渭出生後，交由苗宜人撫養。因徐渭父親去世，家道敗落，奴僕多被賣與他人，徐渭生母也在其中）。

對於劣妻〔註31〕敗子（徐枚）〔註32〕，恩胡（宗憲）苦李（春芳）〔註33〕等事，都毫不迴避地記錄在案，可謂「君子坦蕩蕩」。自豪與委屈都一吐為快的徐渭，何以在《畸譜》中不言及書畫一事呢？我以為，未能得時人的贊許，所以闕如，但《紹興府志》的表彰亦為其身前事，未曾錄入，不知何因？在其文集中談到自己書法的地方，也只有在《與蕭先生》中說：

> 渭素喜書小楷，頗學鍾王，凡贈人必親染墨。……今試書奉別
> 等五六字，便手戰不能，……因命人代書，其後草者則渭強筆，殊
> 不似往日甚。〔註34〕

其贈人之作，一般是「親染墨」的，且特地交待是「頗學鍾王」風格的小楷，以此觀之，其小楷，當是他引為自豪的書體之一。此時因為生病，怕別人誤解，迫不得已而「命人代書」。此時徐渭無意標榜自己的風格，但此次不類自己往日書風的交代告知我們，徐渭小楷風格是比較穩定的。

〔註27〕〔明〕徐渭《畸譜》，《徐渭集（補編）》，第1325頁。

〔註28〕〔明〕徐渭《畸譜》，《徐渭集（補編）》，第1326頁。

〔註29〕〔明〕徐渭《畸譜》，《徐渭集（補編）》，第1334頁。

〔註30〕〔明〕徐渭《畸譜》，《徐渭集（補編）》，第1326頁。

〔註31〕〔明〕徐渭《畸譜》：三十九歲「夏，入贅杭之王，劣甚，始被詒而誤，秋絕之，至今恨不已。」《徐渭集》，第1328頁。

〔註32〕〔明〕徐渭《畸譜》：「五十七歲。春，歸自宣府，寓北京。病，仲秋始歸越。枚劫客囊，至召外寇。」《徐渭集》，第1330頁。

〔註33〕〔明〕徐渭《畸譜》，「四十四歲。仲春，辭李氏歸。秋，李聲怖我，復入盡歸其聘，不內以苦之。蓋聘之銀為兩，滿六十，出李之門人杭查氏。予始聞怖，持以內查，查不內，故持以此歸李，李復不內，故曰苦之。」《徐渭集》，第1319頁。

〔註34〕〔明〕徐渭《徐文長逸草》卷四，《徐渭集》，第1129頁。

試想，如果是有地位有名望者，在看他的詩文稿或信札的時候誇獎他的書法，他會在《畸譜》上棄而不錄嗎？我覺得不符合他的個性與習慣，不要說看齊古人，就是比附時流，恐怕他也會當仁不讓。時人但知徐渭的《四聲猿》卻不知他的書畫，應該是歷史的眞相。所以說，徐渭在書畫上的名聲，不能說沒有，但可以借用「名不出於鄉黨」這句原本更多指向其詩文的評語，來衡量其書畫應該是有過之而無不及的。

二、徐渭生前書名不彰，未成爲評論對象

徐渭書畫沒有成爲評論對象，也是其名聲不彰的一項重要指標。徐渭在書畫界的交友，從其文集以及書畫題跋中，可以見到其往來與贈答，甚至以書扇打賭的記錄，由此可知其作品是有一定「應酬」。徐渭生前來自外界的評論，目前僅見萬曆十五年《紹興府志》及徐渭的學生陳汝元撰《刻字學玄抄類摘序》〔註 35〕，其後就是徐渭去世後陶、袁二人的徐渭小傳了。徐渭有詩歌《賣貂》、《賣磬》、《賣畫》、《賣書》，但此畫非自己所畫，乃徐渭收藏的名家畫；此書也非自己的書法，而是自己的藏書。《畫易粟不得》說：「吾家兩名畫，寶玩長相隨，一朝苦無食，持此酬糠秕」。〔註 36〕如果徐渭當時有書畫市場的話，是不會淪落到如此地步的。

朱謀垔《畫史會要》第四卷記述的畫家徐渭的內容，基本上是來自所陶、袁二人的傳記：

> 徐渭，字文長，養白鷳以自怡，號白鷳山人。山陰諸生，薛方山試之，謂其文「句句鬼語」。不第，胡少保宗憲招致幕府主文章。生豪縱自如，少保益重之。後少保功而讒死，冤憤不已，狂中畫《雪壓梅竹》題云：「雲間老檜與天齊，膝六寒威一手提。折竹折梅因底事，不留一葉與山溪。」又作《葡萄》題云：「筆底明珠無賣處，閒拋閒擲野藤間。」則自慨其淪落不偶者。

〔註35〕〔明〕陳汝元撰《刻字學玄抄類摘序》，陳汝元評徐渭：「吾鄉徐天池先生書法特妙，固世所推臻達玄聖者。」見徐渭撰、陳汝元補注《玄抄類摘》，如皋縣圖書館藏。明萬曆十九年自刻本。陳汝元，徐渭的學生，生卒年均不詳，明戲曲作家。字起侯、太乙，號太一、太乙山人、燃藜仙客。會稽（今浙江紹興）人。萬曆二十五年（1597）舉人，任陝西清潤知縣，四十五年任城堡廳同知。著有雜劇《紅蓮債》等，又與陶望齡、商溶等校訂《稗海大觀》。

〔註36〕〔明〕徐渭《徐文長三集》，《徐渭集》，第 73 頁。

在幕府所得資，盡委聲酒服飾間。及老，貧甚，鬻手自給。人操
金請者，遇窮時乃一爲之。晚絕穀食十餘歲，謂於導引有得。陶石簣
言：渭貌修偉肥白，音朗然如唳鶴，常中夜呼嘯，有群鶴應焉。〔註37〕

朱謀垔在引用他人材料以外，對徐渭書畫的水平，沒有任何評價，或許
是未見其畫而無從品鑒。豐坊與徐渭也有交遊，徐渭有詩《豐吏部公邀泛西
湖觀荷，明日寄作，令與嘉則敘父追和》：

吏部元虯飲，良辰尊俎攜。分明在湖上，記得似耶溪。

別浦紅裙槳，垂楊白馬堤。茫茫荷葉路，共水入天西。〔註38〕

從詩歌的標題以及內容來看，豐坊與徐渭是非常熟悉的，未見他對徐渭
書法做過評價。他雖然不喜歡楊珂的書法，但還是對楊珂書法作了評論：「楊
珂書，如胠篋偷兒，探頭側面。」〔註39〕王世貞《藝苑卮言》亦云：「楊秘圖
珂者，初亦習二王，而後益放逸，柔筆疎行，了無風骨，此皆所謂南路體也。」
〔註40〕另，王世貞同時還批評了豐道生和陳鶴：

豐吏部道生，初名坊，家蓄古碑刻既富，一一臨摹，自大小篆、
古今隸、章草、草、行無不明瞭，而筆頗滯不能稱意。若遇其中年
得意處殘篇小碣，驟見之必以爲古人也。

陳鳴野鶴，初習眞書，略取鍾法，僅成蒸餅。後作狂草，縱橫
如亂芻，而張尚寶遜業絕喜之。〔註41〕

豐坊有書名，有批評也有讚賞，是毫不奇怪的事情。而楊珂與陳鶴也是
名家，在王世貞眼中甚至連當時不以書法出名的畫家沈仕〔註42〕也不如，不
管其眞實水平如何，能進入了批評的視野，一定是屬於名家。孫鑛在《書畫
跋跋》中，針對王氏的跋也言及沈仕：

其評沈仕謂「如夏四倚主」，夏四何如人？當是一貴家僕，豐或
曾見侮耳。人言此君憨，定不虛也。然行筆最遒勁，結構亦密，比

〔註37〕〔明〕朱謀垔《畫史會要》，《中國書畫全書》第四冊，第568頁。
〔註38〕〔明〕徐渭《徐文長三集》卷六，《徐渭集》，第178頁。
〔註39〕〔明〕豐坊《豐道生評書》，見《佩文齋書畫譜》卷十，文淵閣《四庫全書》本。
〔註40〕〔明〕王世貞《弇州四部稿》卷一百五十四，文淵閣《四庫全書》本。
〔註41〕〔明〕王世貞《弇州四部稿》卷一百五十四，文淵閣《四庫全書》本。
〔註42〕〔明〕沈仕（1488～1565）明浙江仁和（今杭州）人，字懋學，又字子登，
號青門山人。少時即有才名，多蓄法書名畫，善畫花鳥山水。與顧璘、王愼
中、茅坤等交遊甚密。有《沈青門詩集》。

之生平書，最爲合作，留此以備一家。〔註43〕

沈仕本以畫名，如《畫史會要》對其評價：

> 雅好詩翰，多蓄古法書名畫，朝夕展玩，久之有得，乃援筆揮
> 灑花卉山水，風神氣韻殊勝專門。〔註44〕

在清姜紹書的《無聲詩史》（成書於1679年後）中，對其評價也很高：

> 青門沈仕，錢塘人，名家子。風流文采，照耀湖山間，杭之人
> 尚能誦其芬，齒煩猶香也。善畫，其花鳥多於山水，然山水更入妙
> 品。以六橋、兩峰，桃柳盡入於胸中，姿態橫發耳。〔註45〕

沈仕因畫有名而被列書家中批評，而徐渭既無畫名也無書名，換言之，在他們的眼中，徐渭連批評的價值也沒有，可想而知徐渭書畫名聲不彰之一斑。因此，我們看到王世貞評價國朝書法時，徐渭沒有入選也就毫不奇怪了。

避開王世貞高高在上、鋒芒逼人的論調，重新檢索當時越中名家的相關材料，《佩文齋書畫譜》轉引《紹興志》論楊珂的材料，也可以看到他們並不完全贊同王世貞及豐坊對楊珂的評價：

> 楊珂字汝鳴，餘姚諸生，從王文成學，隱居秘圖山養母，以孝
> 聞。爲詩瀟灑不群，書得晉人筆法。〔註46〕

爲了避免個人的好惡，影響我們對當時書家隊伍整體狀況的判斷，我們再來看清倪濤〔註47〕《六藝之一錄》收錄的屠隆〔註48〕對明代書家的品評材料：

〔註43〕崔爾平選編《歷代書法論文選續編》，第399頁。

〔註44〕〔明〕朱謀垔《畫史會要》卷四：沈仕，字懋學，號青門，仁和人。刑部侍郎銳之子，少不治家人生產，亦不習經生家言，雅好詩翰，多蓄古法書名畫，朝夕展玩，久之有得，乃援筆揮灑花卉山水，風神氣韻殊勝專門。嘉靖中客遊京師，歷邊徼有購詩畫者饋遺累千金，仕得之一揮而盡，妻子在家不免飢寒，曠然不以爲意。年七十始返故廬，雖家事落莫，豪興不減，然習侈靡，弗字若子，人頗以是少之。

〔註45〕〔清〕姜紹書《無聲詩史》，《中國書畫全書》第四冊，第849頁。

〔註46〕〔清〕等王原祁《佩文齋書畫譜》卷四十二轉引《紹興志》內容。文淵閣《四庫全書》本。

〔註47〕〔清〕倪濤輯《六藝之一錄》，倪濤字昆渠，錢塘（今杭州）人。生當在順、康（1644～1722）間。生平篤志嗜學，年幾八十，猶著書不輟，多手自鈔錄。輯《六藝之一錄》四百零六卷，合金石、書法爲一書，而言書法者幾占三分之二。《四庫提要》稱爲「自唐張彥遠《法書要錄》以後論書之語，則未有不賅備於是。」

〔註48〕〔明〕屠隆，字長卿，一字緯眞，號赤水、鴻苞居士，浙江鄞縣人。萬曆五年進士，屠隆是個怪才，好遊歷，有博學之名，尤其精通曲藝。

　　國朝書家，當以祝允明爲上，今之人，不啻家臨池而人染翰，然無敢與希哲抗衡也。

　　文徵仲以法勝，王履吉以韻勝，然文之書畫，有親藩、中貴及外國人，雖遺以隋珠趙璧而欲購片紙隻字，平生必不肯應，此文之名益重於世。宋仲溫、仲珩當與王、文並駕，之四子者，亞於祝者也。

　　陸深、沈度、徐元玉、李應禎、吳寬五人其又次者也。

　　杜環、沈粲、楊士奇、李昌祺、胡文穆、曾榮、李時勉、陳敬宗、吳餘慶、衛靖、魏驥、徐有貞、劉珏、張汝弼、黃翰、張天駿、浦顯、邵文敬、詹和、錢溥、錢博、陳白沙、任道遜、王守仁、金琮、周倫、張電淩、晏如、許成名、許宗魯、朱九江、王慎中、楊慎、羅洪先、陳鶴、楊珂、羅鹿齡、吳維岳、陳道復、王同祖、袁襄、王穀祥、文嘉、陳鎏、陸師道、彭年、許初、王姬水、張鳳翼、王穉登、邢侗、俞允文、莫雲卿、朱子價、黎惟敬、梁思伯、湯煥、吳大禮、陸萬里其又次者也。

　　朱孔暘、姜立綱皆掾史筆，所謂南路體也。馬一龍用筆本流迅，乏字源，濃淡大小錯綜不可識，折看亦不成章，況多俗筆。方元煥、張書紳、蘇洲，皆近時書中惡道也。馬負圖狂翰，亦有習者，既貽識大雅，終非可久。王逢年本有筆而雜用之，遂不成家。之數子者，書不足法也。〔註49〕

　　我們比較一下屠隆與王世貞兩人都推舉的重要名人，還是有很多共同之處的，也可以說明當時書壇的實際狀況。吳新苗的《屠隆研究》顯示屠隆與很多喜歡徐渭的人有交遊，並且多爲文學革新陣營的中堅。屠隆（1543～1605）比湯顯祖（1550～1616）大 7 歲，比袁宏道（1568～1610）大 25 歲，比江盈科〔註50〕（1553～1605）大 10 歲。萬曆十一年屠隆任禮部儀制司主事時，與湯顯祖相識，兩人的深密交往在萬曆二十三（1595）年，此年屠隆兩次到遂

〔註49〕〔明〕屠隆《書家評》，見清倪濤等撰《六藝之一錄》卷二百八十六，文淵閣《四庫全書》本。

〔註50〕〔明〕江盈科，字進之，號淥蘿。桃源人。在文學上，江盈科參與創立公安派，貢獻巨大。他爲文主張「元神活潑」，寫眞性、眞情、眞我，被袁氏兄弟稱爲詩文「大家」。今人黃仁生輯有《江盈科集》。

昌訪湯顯祖。也在此年春夏間，屠隆游蘇州，與赴任不久的袁宏道、江盈科
見面。公安派的潘之恆、龍膺等，都是在與袁宏道交往前就從屠隆遊。〔註51〕
從這些材料中，我們可以認爲，屠隆不會不知道徐渭其人，在他的論書中，
有我們熟悉的陳鶴與楊珂，也有袁宏道認爲不及徐渭的文徵仲與王履吉，但
沒有徐渭，徐渭的名氣甚至連「南路體」等「近時書中惡道」們的名氣也不
如。明沈德符《萬曆野獲編》中記有作者與湯顯祖的對話，也可看出其對徐
渭的態度：

> 文長自負高一世，少所許可，獨注意湯義仍，寄詩與訂交，推
> 重甚至，湯時猶在公車也。余後遇湯，問文長文價何似，湯亦稱賞，
> 而口多微辭。蓋義仍方欲掃空王、李，又何有於文長？〔註52〕

湯既「稱賞」，而又「口多微辭」，可見這些文人，對徐渭詩文多是知而
不言，何況對其書法呢？也可能根本就無從得見，或是見而不語。徐渭寫過
《陳山人墓表》，其對陳鶴的名氣有所描述，其中可能有虛美的成分，但也不
至於毫無根據：

> 海樵陳山人鶴卒之六年，爲嘉靖乙丑（1565）。……又以余與柳
> 君先後得友山人，雅相抱筆伸紙以朝夕，庶幾稱知已於山人也。顧
> 且令予表山人墓，……山人生而穎悟絕群，年十餘，已知好古，買
> 奇帙名帖，窮晝夜誦覽。……乍出訪故舊，神宇奇秀。餘從道上望
> 見之，疑其仙人也。居數年，始得會山人於甥蕭家，酒酣言洽，山
> 人爲起舞也，而復坐，歌嘯諧謔，一座盡傾。自是數過山人家，見
> 山人對客論說，其言一氣萬類，儒行玄釋，凌跨恢弘，既足以撼當
> 世學士。而其所作爲古詩文，若騷賦詞曲、草書圖畫，能盡效諸名
> 家。既已，間出己意，工贍絕倫。……於是四方之人，日造其庭，
> 盡一時豪賢貴介，若諸家異流，無不嚮慕，願得山人片墨，或望見
> 顏色，一談一飲以爲幸。雖遠在滇蜀，亦時有至者。即不至，幸以
> 書托交，每旬月，積紙盈匣。山人又喜拔窮士，士或往四方，又必
> 借山人片墨以動豪貴人。每值山人飲，旅者行者，舉爵持俎，載筆
> 素以進，山人則振髯握管，須臾爲一擲，累幅或數十丈，各愜其所

〔註51〕 吳新苗《屠隆研究》，文化藝術出版社2008，第76頁。湯顯祖與屠隆的交往，
　　　　參見趙治中撰《湯顯祖與屠隆交誼考》，《麗水學院學報》2007/03。
〔註52〕 〔明〕沈德符《萬曆野獲編》卷二十三。中華書局1959，第582頁。

乞而後止。而往復箋筍，援酢去留，目營心記，口對手書，又雜以
論說娛戲，如前所云者，一時雜陳，燦然畢舉。於是軒蓋益集，省
諸司巨公、郡縣長吏，或銜命之使，有未見鄉縉紳而先造山人者。
山人臥未起，或時就榻見之。諸公既異山人姿，高其履，而山人指
顧自如，雄談闊視，雜以嘲詆，無不氣折心醉，願內交而去，蓋家
居如是者幾三十年以為常。乃一往金陵，客四年而不復返矣，嗟
哉！……〔註53〕

這裡徐渭借其生動的文墨，展示了一位才情豪蕩、譽滿天涯之士瀟灑
的生活狀態。陳山人雖然以詩文立身，但徐渭恰恰抓住了他在書畫一藝上
的影響。在此，我們不妨稍作解讀，也可以與徐渭的書畫名聲相比較，如：
「草書圖畫，能盡效諸名家，既已，間出己意，工贍絕倫。」徐渭並沒有
正面描寫他的字畫如何好，僅此一句是對其書畫水準的評價，而更多的是
通過與其交往者的動向，渲染其在豪賢貴介、近朋遠友之間被人傾羨的表
現來反襯其書畫如何受歡迎的程度。「四方之人，日造其庭」、「盡一時豪賢
貴介，若諸家異流，無不嚮慕，願得山人片墨」。什麼叫有名聲，陳山人生
活狀態就是有名聲的表現。由此，我們自然就明白其能夠被王世貞等人批
評的原因了。

再看一條來自徐渭自己的材料，嘉靖四十年（1561）徐渭代胡宗憲撰《鎮
海樓記》完成，他推薦友人府學生張道書碑：

傳聞鎮海樓碑石已到，渭竊見友人府學生張道書法精勁，近鮮
與儔，可應書碑之託。謹覓得道舊時所書與人文字一卷呈覽，然近
更精也。道為人端慎，渭今此舉，道實不知。且度其後來決無他望，
特以金石之傳，大觀所繫。倘楊山人偶不至，捨道無可任此者，伏
乞垂覽。〔註54〕

張道亦屬無名之輩，渭評其「書法精勁，近鮮與儔」，只是說明其書法很
得徐渭賞識，或亦超過徐渭。其中「倘楊山人偶不至，捨道無可任此者」這
句，又交代了首選是楊山人，此楊山人，非楊珂其人莫屬。由此可見，當時
的楊珂也絕非等閒之輩，其書法既然能夠受到名流的批評，至少說明其書名
不僅在當地，甚至在江浙一帶，乃至更廣的範圍裏都小有名氣。

〔註53〕〔明〕徐渭《徐文長三集》卷二六《陳山人墓表》，《徐渭集》，第640～642頁。
〔註54〕〔明〕徐渭《奉答少保公書》之三，《徐渭集》，第460頁。

上文的材料顯示，屠隆不會不知道徐渭其人，在他論書文字中，我們可以看出屠隆與王世貞、豐坊等人一樣不把徐渭的書法放在眼裏。雖然在萬曆十五（1568）年《紹興府志》中，徐渭排名在陳鶴與楊珂之後，是為數很少的幾位紹興書家，但其書名遠遠不及今天已經沒有書名的陳鶴與楊珂，甚至其書名還不及以畫名入載《紹興府志》的沈仕，所以未能得到時流的關注，還是比較符合徐渭生前書名的實際狀態的。

三、徐渭書畫不合「正宗」，可能是未被稱賞的原因

從現有的材料來看，除了徐渭的學生陳汝元，以及陶望齡、梅客生以外，與徐渭年齡相仿的一輩，到比他晚生 34 年，晚卒 43 的董其昌（1555～1636）一輩人中，很少有人談及徐渭的書畫。與徐渭有交遊的社會名流季本、王畿、唐順之、胡宗憲、茅坤等，也包括書畫界名流中的謝時臣、豐坊、沈仕、劉世儒等，他們都沒有評論過徐渭的書與畫。徐渭去世以後，似乎也只有袁宏道一人在獨自引吭鼓吹徐渭。收藏界的李日華說：「讀《徐文長集》，袁中郎宏道表章之，以為當代一人。」〔註 55〕既然知道「當代一人」的說法，當然也就說明其讀過袁氏《徐文長傳》，李日華欣賞徐渭的戲劇：「雜劇《四聲猿》，卻是妙手。」他還說：「然其人肮髒，有奇氣而不雅馴，詩則俚而詭激，絕似中郎，是以有臭味之合耳。」〔註 56〕說徐渭「其人肮髒」蓋來源對其生平行為的誤解。至於詩歌，是不合口味，或可代表當時詩壇的一種審美趣味。但李日華作為書畫收藏家，當然也是鑒賞家，他卻對袁宏道所表彰的「決當在王雅宜、文徵仲之上」，以及「旁溢為花草竹石，皆超逸有致」〔註 57〕的評價毫無反應，置若罔聞。這已經是徐渭去世多二十多年以後的事了，可見徐渭並沒有因袁氏鼓吹而走紅。

李日華與陳繼儒還是師生關係，李日華一生交友很多，其中對他影響最大的是其師陳繼儒和馮夢禎〔註 58〕。李日華十七、八歲時就拜陳繼儒為師。兩人的交往非常密切，在一起品評書畫幾乎是日常之事，還經常書信往來，

〔註 55〕　〔明〕李日華《味水軒日記》（1616 年 4 月記），《中國書畫全書》第三冊，第1239 頁。

〔註 56〕　〔明〕李日華《味水軒日記》，《中國書畫全書》第三冊，第 1239 頁。

〔註 57〕　〔明〕袁宏道《徐文長傳》，《徐渭集》附錄，第 1342 頁。

〔註 58〕　參見李傑《李日華的文藝思想研究》，2006 年復旦大學博士論文。〔明〕馮夢禎（1548～1595）字開之，號具區，又號真實居士，浙江秀水（今嘉興）人。

相互酬和。董其昌與陶望齡同爲許國的學生，許國致仕歸里，陶望齡於萬曆癸巳（1593）去拜謁恩師。第二年甲午，袁宗道入都與董其昌「復爲禪悅之會」，時陶望齡亦與董其昌及袁氏兄弟「數相過從」〔註59〕，1607年春，陶望齡兩度作書與董其昌約「爲西湖之會」，未及相見，陶望齡已於萬曆己酉（1609）離世。

另，與徐渭相關人物湯顯祖也與董其昌有過交往，萬曆乙未（1595）二月，作《乙未計逳，二月六日同吳令袁中郎出關，懷王衷白、石浦、董思白》：「四愁無路向中郎，江楚秦吳在帝鄉。不信關南有千里，君看流涕若爲長。」〔註60〕此外，尙有1605年後作《寄董思白》〔註61〕等。想必董其昌不會不知道被袁宏道稱爲「有明第一」，並有陶、袁各自作傳的徐文長先生。或認爲董其昌很少涉獵花鳥畫而閉口不提徐渭，那麼陳繼儒可是一位以梅花行世的畫家，且是典型的文人戲墨之作。陳繼儒與董其昌的藝術見解也最爲接近，經常在一起品書論畫，友誼最深。董其昌曾這樣評陳繼儒：「眉公胸中素具一丘壑，雖草草潑墨，而一種蒼老之氣，豈落吳下畫師恬俗魔境。」〔註62〕

從董氏用「潑墨」、「蒼老之氣」、「吳下畫師恬俗魔境」等詞來看，他的審美，與徐渭的繪畫觀念並不矛盾。所以，不管從哪種角度考慮，董其昌與陳繼儒等人不談徐渭，絕不是因爲不知道徐渭其人，而是另有原因。如果我們撇開這些語詞的文意指向，用陳繼儒、董其昌等人畫作特點來比較的話，他們與徐渭繪畫的差別還是很大的，不可能歸到同一風格類型中去。《陳眉公集》卷六有《史叔考童殺齋集敘》，在此敘中陳繼儒確實提起了徐文長，有趣的是他與李日華一樣稱賞徐渭的戲劇，而沒有談其他的書畫，敘云：

> 余嘗見《合紗》、《檀扇》、《鸊鵜》、《雙鴛》、《櫻桃》諸詞，驚
> 曰：世乃更有徐文長乎！客曰：此即文長之友史叔考也。叔考自少
> 嫻公車言，會江陵下沙汰之令，檄郡國錄士上督學使，額無過十五。
> 叔考歎曰：寒書生豈能飛度鐵步障乎？遂作《破瑟賦》以謝同仁，
> 不應舉。文長聞而喜曰：史君賦使碎琴之陳子昂愧不能穴地遁去。

〔註59〕〔明〕董其昌《畫禪室隨筆》，《中國書畫全書》第三冊，第1032頁。
〔註60〕徐朔方箋校《湯顯祖詩文集》，上海古籍出版社1982，第459頁。
〔註61〕徐朔方箋校《湯顯祖詩文集》，上海古籍出版社1982，第143頁。
〔註62〕〔明〕卞永譽《式古堂書畫匯考》，《中國書畫全書》第六冊，第753頁。

自是與叔考交甚驩。即南阡北陌，高山大澤之間，無不與叔考俱，

而談藝尤甚洽。項公七十四而《童羖齋集》成。〔註63〕

從「世乃更有徐文長乎」的語氣中，我們不難推斷，陳眉公對袁宏道推舉徐渭多方面才能是知情者。史叔考約 1533 年生，小徐文長 12 歲，以「七十四而《童羖齋集》成」推算，此時爲 1607 年，陳繼儒 49 歲，陳繼儒對徐渭的書畫隻字未提，可能就是不欣賞徐渭的書畫，從書法的角度來看，他們欣賞的對象如王世貞所言：

國朝書法，當以祝希哲爲上，文徵仲、王履吉、宋仲溫、宋仲

珩次之，陸子淵、豐道生、沈華亭、徐元玉、李貞伯、吳原博又次

之、餘似未入品。〔註64〕

這些人大多是所謂的正統書家，方波在其博士論文《宋元明時期的崇王觀念研究》中對明代書家的流派意識總結時說：

明代書家的流派意識的產生是與書法中正統、正宗觀念的發展

聯繫在一起的。明人對取法是否正宗問題較爲重視，喜以得正脈等

語來表達自己對被評論對象的肯定、贊許的態度。在明人的題跋、

評論中常有關於正宗、正脈的論述。〔註65〕

正統、正宗的書畫流派似乎更能爲大多數人接受，如我們今天都看好祝允明的大草作品，但明人卻更欣賞他古典的一面，董其昌評祝允明書曰：

枝指山人書，吳中多贗本。此書律詩二十首，如綿裹鐵，如印

印泥，方是本色眞虎，非裴將軍先射諸彪也。〔註66〕

董其昌強調的是其傳統的「如綿裹鐵，如印印泥」的「本色」的一面，避而不談他的狂草。與董其昌有類似觀點的人也不少，而對他的草書則不以爲然，如明末邢侗就說過：「京兆資才邁世，第頹然自放，不無野狐。」〔註67〕

〔註63〕〔明〕陳繼儒《史叔考童羖齋集敘》，《陳眉公集》卷六。引自徐朔方《晚明曲家年譜》第 2 卷《史槃行實繫年》，浙江古籍出版社 1993，第 229 頁。查《續修四庫全書》本集部第 1380 冊有《陳眉公集》十七卷。未見是篇，不知徐朔方先生所引爲何版本的《陳眉公集》，待查。

〔註64〕〔明〕王世貞《弇州四部稿》卷一百五十四，文淵閣《四庫全書》本。

〔註65〕方波《宋元明時期的崇王觀念研究》，2008 中國美術學院博士論文，第 143 頁。

〔註66〕〔明〕董其昌《容臺別集》卷三《書品》，庚午（1630）年初刻本。

〔註67〕〔清〕陸時化《吳越所見書畫錄》卷二《祝枝山行書古詩十九首冊》。中國大百科全書出版社 1997。

豐坊在所著《書訣》中評價明代書家，也以宋鏰、文徵明、祝允明等人為正宗，而對永宣之後，仿傚宋仲溫、王履吉者，則言其古法無存，濁俗滿紙。書法界何良俊（1506～1573）：

> 宋時惟蔡忠惠、米南宮用晉法，亦只是具體而微。〔註68〕

可見以晉法為「正宗」。何良俊論明人說：

> 國初諸公盡有善書者，但非法書家耳。其中惟吾松二沈，聲譽藉甚，受累朝恩寵。然大沈正書仿陳谷陽，而失之於軟；沈民望草書學素師而筆力欠勁，章草宗宋克而乏古意。此後如吾松張東海，姑蘇劉廷美、徐天全、李范庵、祝枝山，南都金山農、徐九峰皆以書名家，然非正脈。自衡山出……乃知自趙集賢後，集書家之大成者衡山也。世但見其應酬草書大幅，遂以為枝山在衡山上，是見其杜德機也。枝山小楷亦臻妙，其餘諸體雖備，然無晉法，且非正鋒，不逮衡山遠甚。

> 衡山之後，書法當以王雅宜為第一，蓋其書本於大令。兼之人品高曠，故神韻超逸，迴出諸人之上。〔註69〕

何氏極力推舉文衡山、王雅宜，言枝山也不逮衡山，在這樣一種氛圍中，而袁宏道把名不見經傳的徐渭推上時代的顛峰，且言其在文衡山、王雅宜之上，又如何能讓人接受呢？其推舉的結果是連反對的聲音都沒有，可見當時的社會名流們，根本沒把袁宏道的推介當真，更沒有人去附和。

從繪畫的角度看，且不說徐渭沒有畫名，他的審美觀念與時人也多有不合處，如徐渭欣賞的蔣三松：「蘆長葦短掛青楓，墨潑毫狂染用烘。……不教工處是真工。市客誤猜陳萬里，惟予認得蔣三松。」〔註70〕他自己的畫也是這種「墨潑毫狂染用烘」的風格，其題畫詩說：

> 世間無事無三味，老來戲謔塗花卉，藤長刺闊臂幾枯，三合茅柴不成醉。葫蘆依樣不勝揩，能如造化絕安排。不求形似求生韻，

〔註68〕 〔明〕何良俊《四友齋書論》，《中國書畫全書》第三冊，第864頁。何良俊，字元朗，號柘湖。華亭（今上海松江）人。嘉靖貢生，薦授南京翰林院孔目，仕途失意，遂隱居著述，自稱與莊周、王維、白居易為友，題書房名曰：四友齋。

〔註69〕 〔明〕何良俊《四友齋書論》，《中國書畫全書》第三冊，第866頁。

〔註70〕 〔明〕徐渭《蔣三松風雨歸漁圖》：「蘆長葦短掛青楓，墨潑毫狂染用烘。……不教工處是真工。市客誤猜陳萬里，惟予認得蔣三松。」《徐渭集》，第428頁。蔣三松，名嵩，江寧人，浙派後期的重要畫家。

根撥皆吾五指栽。胡爲乎，區區枝剪而葉栽？君莫猜，墨色淋漓兩撥開。〔註71〕

蔣三松等人正屬何良俊不屑之列：

如南京之蔣三松、汪孟文，江西之郭清狂，北方之張平山，此等雖用以揩抹，猶懼辱吾之几榻也。〔註72〕

可見徐渭的風格，與蔣三松一樣未能得到時流們的認可。蔣二松名嵩，江寧人，是浙派後期的重要畫家，徐沁《明畫錄》也稱他的畫「行筆粗莽，多越矩度……徒呈狂態，目爲邪學。」〔註73〕徐沁對蔣三松的態度與對徐渭的態度並不一致，他是否對徐渭有偏愛，也未可知。明屠隆《畫箋》之《邪學》稱：「如鄭顛仙、張復陽、鍾欽禮、蔣三松、張平山、汪海雲輩，皆畫家邪學，徒逞狂態者也，俱無足取。」〔註74〕

如果純粹從文字角度來看，徐渭與蔣三松所追求的抒情寫意的藝術境界，與詹景鳳《詹氏小辨》的《畫旨》所表達的繪畫觀念亦不無相通之處。詹氏云：

所謂超脫，亦非特故減多爲少而謂超脫也；非草草不精工而謂超脫也；亦非苟且汗漫率意信手而謂超脫也；亦非意不在筆，任彼斷而弗之續缺而弗之全而謂超脫也。所謂脫灑，亦又非不拘格法任意橫抹亂圖而可以脫灑名也。夫脫灑超脫，畫家之神構由筆墨，而筆墨不得以與之由格法，而格法不得以限之由簡淡，而簡淡不得以少之由繁濃，而繁濃不得以多之由巧致，而巧致不得以鑿之由精工。而精爲天精，工爲天工，超於筆墨格法之表，越於心思巧力之常。所謂得法無法，跡無所跡之爲者，若此者無與人知，非關己智，悠然自得，渙然自釋，不斬而象罔已在毫端。夫是以對之灑然，把之沖然，近取之而豁然融然，遠望之而飄飄然仙仙然。蓋精極而神明生，力盡而天機出，可以意得不可以象求，可以悟領不可以心致。

〔註71〕〔明〕徐渭《徐文長三集》卷五《畫百花卷與史甥，題曰：漱老觚墨》，《徐渭集》第 154 頁。按：今存僞畫「兩撥」寫作「兩潑」更近畫意，疑文集有誤。

〔註72〕〔明〕何良俊《四有齋畫論》，盧輔聖主編《中國書畫全書》第三冊，第 873 頁。

〔註73〕黃賓虹、鄧實編《美術叢書》三集第 7 輯，神州國光社 1947，第 58 頁。

〔註74〕〔明〕屠隆《畫箋》，盧輔聖主編《中國書畫全書》第三冊，第 995 頁。

其天地人之至妙至妙者歟！故曰：活潑潑地！曰：一絲不掛，萬法自在如如。〔註75〕

寫意繪畫，各有門庭。用「超脫」、「活潑」等詞語用來形容徐渭繪畫中的激情與表現手段也並無不妥之處，但落實到具體畫面，圖象效果的差距還是比較明顯的。徐渭繪畫，自然也與時人的崇古理念大相逕庭。徐渭作品的風格，也不受世名流們欣賞，袁宏道的評介僅代表他個人看法，他的推舉未能得到時人的響應也就毫不奇怪了。

四、徐渭生前文集刊印，對其名聲傳播作用甚微

徐渭生前文集也出版過，以《闕編》為例，袁宏道見到的是「惡楮毛書，煙煤敗黑，微有字形」的刻本，可以說是慘不忍睹的破舊，估計印數也不會很多〔註76〕。從流傳的範圍來看，應當為徐渭所交往的師生好友。如果沒有得到袁宏道的賞識與後來的鼎力推介，幾乎就不再有人去看「惡楮毛書」般的徐渭詩文集了。《闕編》等書傳播的範圍，可能還遠遠比不上俞憲編選的《盛明百家詩》（其中收錄的《徐文學集》一卷）。不知道當時的袁宏道為什麼沒有讀過這本詩集。想當初《盛明百家詩》出版的時候，能入選者多為當代名家，我們熟悉的書畫界名流也有很多，如陳獻章、沈周、祝允明、文徵明、唐寅、王寵、陳鶴、倪瓚、解縉、張公弼、莫如忠、莫是龍、何良俊、王元美、沈仕等，應當是盛況空前的。今有學者撰文批評說：

嘉靖以來，明詩之選，代不乏人，尤盛於易代之際。俞憲《盛明百家詩》三百二十四卷，規模浩繁，明人初自鼓吹明詩也。惜未能凝取菁華，稍嫌冗濫。〔註77〕

正因為浩繁，有混珠者，可能導致後人並不看好這套詩集。《盛明百家詩》為陸續刊成，總敘的落款時間是在隆慶五年（1571）。俞憲在《盛明百家詩》的《徐文學集序》中說：

〔註75〕〔明〕詹景鳳《詹氏小辨》卷四十一《畫旨》，《四庫存目叢書》子部112，第562頁。

〔註76〕錢存訓《中國古代書籍紙墨及印刷術》，北京圖書館出版社2002，第67頁。錢存訓說：「近人盧前謂雕板通常初印三十部。如加算原刻重印、後印，估計雕板印書也和活字印數大致相同，即平均每板印製一百部左右，翻刻、重刊當作另板計算。一般而言，經、史、小學、蒙求、參考用書、通俗讀物當較多。詩文集及學術性著述則較少。」由此推斷，徐渭印刷的詩文集可能還不及100本。

〔註77〕冷齋室主人《明清人選明詩》，見《語文知識》2007/01。

　　　　山陰徐生渭，字文長，蓋以文自戕者也。語云：「玉以瑜琢，蘭
　　以膏焚。」豈虛語哉！初生之輝赫黌校也，予實助其先聲。及後聲
　　聞臺省，聲聞督撫，聲聞館閣，則生自有以致之。不意竟以《白鹿》
　　一表，心悸病狂，因之罹變繫獄，惜哉！生嘗累牘望援，予阻於力。
　　既乃以文數卷遠遺，蓋同志之士，愛其文而義助成集者。予不及助，
　　爰就集中刻其詩賦之尤者數十篇，列於明詩後編，餘文尚有待雲。
　　嗟乎，生之集信可傳矣！古所謂有文爲不朽者，其以此與？然則文
　　傳矣，他又何計耶？隆慶己巳冬十一月朔，是堂散人錫山俞憲汝成
　　父識。〔註78〕

　　隆慶己巳（1569），徐渭 49 歲。正因爲殺妻入獄，俞憲說「然則文傳矣，
他又何計耶？」很可能以爲他文學生涯就此結束了。據馬漢欽編著《明代詩
歌總集與選集研究》，從《盛明百家詩》的作者身份統計來看，其中占官員 217
人、僧人 7 人、布衣文人 33 人，女性 21 人，道士 4 人，不詳人 39。〔註79〕
徐渭乃一介布衣，能入編此詩集也是一件很不容易的事情。袁宏道 1568 年生，
俞憲寫序時（1569 年）他才 1 周歲，正是蹣跚學步的年齡，後來袁宏道未讀
《徐文學集》也就不足爲奇了。從《徐文學集》及《闕編》的影響來看，對
其名聲傳播所起的作用也都不太大。

五、徐渭作品流傳最廣的是戲劇《四聲猿》

　　袁宏道在其《徐文長傳》中透露，「餘少時過裏肆中，見北雜劇有《四聲
猿》，意氣豪達。」〔註80〕可見作《四聲猿》的「天池生」名氣早就有了，只
不過袁宏道不知其人。陳繼儒寫《史叔考童羖齋集敘》說：「餘嘗見《合紗》、
《檀扇》、《鶺鴒》、《雙鶯》、《櫻桃》諸詞，驚曰：世乃更有徐文長乎！」〔註81〕
也表達了他對徐渭戲劇的認同。

　　考察《四聲猿》的版本，最早的是徐渭在世時就有萬曆戊子（1588 年）
刊刻的新安龍峰徐氏刊本，周中明校注出版《四聲猿》時曾參校過的版本有 8

〔註78〕〔明〕俞憲《徐文學集序》，《徐渭集》附錄，第 1355 頁。
〔註79〕馬漢欽編著《明代詩歌總集與選集研究》，哈爾濱工程大學出版社 2009，第
　　　　45 頁。
〔註80〕〔明〕袁宏道《徐文長傳》，《徐渭集》附錄，第 1342 頁。
〔註81〕〔明〕陳繼儒《史叔考童羖齋集敘》，《陳眉公集》卷六。引自徐朔方《晚明
　　　　曲家年譜》第 2 卷《史槃行實繫年》，浙江古籍出版社，第 229 頁。

種明刊本〔註82〕，另梁一成《徐渭的文學與藝術》〔註83〕也提供了一些，互參後去其重複，共有 10 種：

刊 刻 年 代	刊 刻 版 本
萬曆戊子（1588）	新安龍峰徐氏刊本
明萬曆間	署名「天池生」撰本
明萬曆間	卷首有「錢塘鍾人傑」序本
明萬曆庚子（1600）	《徐文長三集》附刻本
明萬曆四十二（1619）	《徐文長集》三十卷附刻本（袁宏道評本）
明萬曆間	閔德美校訂《徐文長文集》附刻本
明崇禎二年（1629）	沈景麟校刻的延閣本
明崇禎己巳（1629）	沈泰著《盛明雜劇》本
明崇禎（1633）	孟稱舜評點《酹江集》本
明崇禎間（1628～1644）	澂道人評本

清初張韜（康熙間人）有《續四聲猿》〔註84〕、清中葉桂馥（1736～1805）有《後四聲猿》〔註85〕，此外還有仿《四聲猿》的雜劇多種。後世文人劇作對《四聲猿》的接受形式是多樣化的，除直接採用其劇本名稱的，還有直接用徐渭作主人公的董玄著《文長天問》，祁彪佳評曰：「牢騷怒罵、不減《漁陽三弄》。此是天孫一腔塊壘，借文長舒寫耳。」〔註86〕沈自徵作《漁陽三弄》乃借用《四聲猿》中「狂鼓吏漁陽三弄」之意，寄託自我的憤世情懷。

刊本的流傳雖然不代表徐渭出名了，但從中不難感受到《四聲猿》在明代中晚期所擁有讀者群，可能要勝過《徐文長集》。鄒漪《啓禎野乘》稱：「明南北劇不下數百家，其彷彿銅琵琶鐵綽板唱『大江東去』者，惟徐文長《四聲猿》稱獨步。讀君庸（沈自徵）《漁陽三弄》，悲壯激越與之並駕，而沉鬱則又過焉。」〔註87〕張韜在《續四聲猿》題辭中就明確言及：「猿啼

〔註82〕〔明〕徐渭，周中明校注《四聲猿》前言，上海古籍出版社 1984。
〔註83〕梁一成《徐渭的文學與藝術》，臺北藝文印書館民國六十六年版，第 75 頁。
〔註84〕〔清〕張韜（約 1681 年前後在世）字權六，自號紫徽山人，浙江海寧人。生卒年均不詳，約清聖祖康熙二十年前後在世。嘗司訓烏程。與毛際可、徐倬、韓純玉、洪圖光諸人交往。著有《大雲樓詩文集》、《響臻堂偶參》、《續四聲猿》傳奇等。
〔註85〕〔清〕桂馥，字冬卉，號未谷，山東曲阜人。清代「《說文》四大家」之一。
〔註86〕〔清〕祁彪佳《遠山堂劇品》，見《中國古典戲曲論著集成》第六冊，第 143 頁。
〔註87〕〔清〕鄒漪《啓禎野乘》卷六《沈文學傳》，明文書局 1936，第 46 頁。

三聲腸已寸斷，豈更有四聲？況續以《四聲猿》哉？但物不得其平則鳴，胸中無限牢騷，恐巴江巫峽間，有兩岸猿聲啼不住耳。」〔註88〕李元滬在桂馥《〈後四聲猿〉題詞》中即揭其旨云：「一自青藤翻院本，直令三峽罷猿鳴。古今剩有沾衣淚，爭忍重聞後四聲。」〔註89〕可見徐渭在戲曲方面的影響力。

　　《四聲猿》的流行或許是時代使然，戲劇業和劇本創作繁盛，讀者也眾多，吳敢撰文《說戲曲別集》對明清戲曲別集作統計認爲：「明嘉靖年間爲戲曲別集的開創時間。晚明與明清間戲曲別集批量出現。清康雍乾嘉時期是戲曲別集的大發展階段。晚清與民初的戲曲別集仍保持相當的規模，但已爲餘緒。」〔註90〕此文統計文本總得182種戲曲別集（其中晚明37種，康雍乾嘉時期80種，晚清39種）。《四聲猿》顯然對徐渭文學家或曰劇作家名聲的傳播起到了一定的宣傳作用，但對徐渭書畫名聲的宣播作用則比較微弱。

六、徐渭的書名在清雍正年間發生變化

　　孫鑛《書畫跋跋》卷二載：

> 秘圖名珂，字汝鳴，吾邑人。少爲諸生，即有書名，晚愈矢意狂草法。人品絕高，弘正以前不可知，若邇年以來，當爲逸人第一流。胡梅林少保舊令餘姚，稔知汝鳴。後爲制府，意欲汝鳴入幕下，謂倘來謁，即隨以厚幣，汝鳴竟不往。少保有碑，欲得汝鳴書之，而難於言。後禦倭海上，過邑城，駐龍山，使幕客故與汝鳴交好者誘之來山間遊，已，胡公燕居服猝至不得避，因留共飲。讌談既洽，幕客諷以寫碑事，汝鳴乃爲寫。贈之金，卒不受。此風今豈可得再見也？〔註91〕

　　這則故事與徐渭推薦楊珂寫碑不謀而合，都是說楊珂的書法有盛名。不管是「贈之金，卒不受」的風節，還是書法，此時的徐渭則不可與其相提並論，但在後來的《浙江通志》載楊珂逸事，卻說其書法與徐渭齊名：

〔註88〕鄭振鐸輯《清人雜劇初集》，中國戲劇出版社1959，第57頁。

〔註89〕〔清〕李元滬《後四聲猿題詞》，見鄭振鐸編《清人雜劇初集》，民國二十年影印本。

〔註90〕吳敢《說戲曲別集》摘要，見《東南大學學報》2006/01。

〔註91〕〔明〕孫鑛《書畫跋跋》，《中國書畫全書》第三冊，第943頁。

　　　　　楊珂（《姚江逸詩傳》），字汝鳴，號秘圖。從王文成講學，不以
　　科舉爲事，自放山水間。天台、四明，題詠殆遍，有一觀側石橋，
　　時爲暴漲所壞，珂書「醉臥石」三字於上，水亦迁道避之。其書法
　　與徐渭齊名。〔註92〕

　　《浙江通志》於雍正九年（1731）二月興修，至雍正十三年（1735）十
二月纂竣，這時候徐渭書名已經逐漸有所變化，而此處則用「與徐渭齊名」
來旁證楊珂書名，說明楊珂之名聲已經不及徐渭了。如果我們回看一下萬曆
二十九年（1691）的《新修餘姚縣志》〔註93〕，此事的記載是：

　　　　　白水宮濱溪有巨石作橋，歲爲湍流所衝，輒圮，居人患之。楊
　　山人珂大書「醉臥石」三字於上，後遂不復圮。（此石在梁弄白水衝，
　　巨石作橋。）

　　這應該是「醉臥石」的原型，與徐渭沒有任何關係。從明萬曆，到清雍正，
幾十年中徐渭的名聲顯然已經發生了很大變化。徐渭與楊珂雖然是朋友，他在
獄中還曾作有《寄答秘圖山人》二首，但楊珂的書名遠大於徐渭。再舉一例，
《浙江通志》中《姚江逸詩傳》還載了黃尚質其人，把尚質與珂、渭並論：

　　　　　黃尚質，號醒泉，嘉靖己酉舉人。歷官息縣令景州牧，是時越
　　中詩人，山陰有陳鶴、徐渭，姚江則尚質與楊珂，詩簡往來，風華
　　掩映，而尚質與珂、渭兼精繪事，尤爲時所貴重。〔註94〕

　　「尚質與珂、渭兼精繪事，尤爲時所貴重」的說法並不準確。渭生前未
見有「精繪事」的記載，黃尚質也沒有因繪事而被入編萬曆《紹興府志》。因
爲《浙江通志》所言之「名家」乃當下之名家，「尤爲時所貴重」的說法並不
是歷史的眞實。

　　我以爲《浙江通志》的說法應該是採信了黃宗羲（1610～1695）的文字。
黃宗羲爲黃尚質家族後代，其《黃氏家錄》記載：「當是時詩人，山陰有陳鳴
野、徐文長，上虞有葛公旦，鄞有沈嘉則，姚江則公與楊密圖，而馬魯原附

〔註92〕　〔清〕《浙江通志》卷一百八十，文淵閣《四庫全書》本。
〔註93〕　明萬曆《新修餘姚縣志》24卷，萬曆二十九年（1601）知縣、金壇人史樹德
　　　　　修，縣人楊文煥等纂。此志刊於萬曆三十一年（1603），24卷，6冊，國家圖
　　　　　書館、中國科學院圖書館原刊本。
〔註94〕　〔明〕黃尚質（1504～1577），字子般，號墨泉，另一號醒泉，浙江餘姚人，
　　　　　嘉靖二十八年（1549）舉人，曾爲景州（今河北省東南部）知府。《浙江通志》
　　　　　卷一百八十。文淵閣《四庫全書》本。

之，唱和無虛日。……七人中，公與文長、密圖又以畫名。」楊珂死時，黃
尙質哭之句云：「誰收遺稿將千首，得見行書有八分。」〔註95〕又從其文集《南
雷文定》中讀到：

> 府君所最善者，楊珂、徐渭，其詩文書畫名重一時。而弇州主
> 盟壇坫，士之未捧珠盤者，多見詆訶。三人倔強不甘於邾莒，故徐
> 渭之詩，楊珂之字，皆有貶辭，於府君無稱焉。百年以來，渭以袁
> 公安顯，珂僅有知者，府君姓名幾將湮沒。〔註96〕

黃尙質當時「於府君無稱」，說明是其自身名氣不響，而導致「姓名幾將
湮沒」，並非全是弇州之過。徐渭當年也有同樣的待遇。要說某人有名氣，總
會找另一個現在大家都比較熟悉的名家來作比較，此處黃尙質就攀附了陳
鶴、楊珂與徐渭等。這條材料同樣說明，到了雍正年間徐渭的名氣已經與陳
鶴、楊珂相提並論。《姚江書院志略》卷上《祀典》也記載此事，故事又有了
進一步的發展：

> （楊珂）從王文成講學。會學使者案越，檢察舉子，無異錄囚，
> 珂歎曰：「是豈待士者哉？」遂隱居秘圖山，不以科舉爲事。自放於
> 山水之間，養母以孝聞。爲詩瀟灑不群，天台、四明，題詠殆遍。
> 晚歲，益怡曠飲酒浩歌。祠宇觀側石橋，時爲暴漲所壞。珂書「醉
> 臥石」三字於上，水亦迁道避之，其高致如此。所臨晉、唐帖，得
> 其神似。書法與徐文長齊名，而王元美故以險怪目之。以一時藝苑
> 共走太倉，秘圖、文長皆不屑也。〔註97〕

錢茂偉著《姚江書院派研究》中《黃宗羲與姚江書院》一節研究認爲，
黃宗羲與姚江書院接觸時間爲俞長民主院事期間（1671～1682）〔註98〕，我
以爲這段文字，應該由黃宗羲在此期間提供，後爲《浙江通志》採用。此後
又爲乾隆五十七年（1792）《紹興府志》錄入。

〔註95〕〔清〕黃宗羲《黃氏家錄·景州公黃尙質》，見《黃宗羲全集》一，浙江古籍
　　　　出版社1985，第406頁。黃宗羲，字太沖，號南雷，浙江餘姚人，學者尊爲
　　　　梨洲先生，明末清初傑出思想家。
〔註96〕〔清〕黃宗羲《醒泉府君傳》，見陳乃乾編《黃梨洲文集》中華書局1959，第
　　　　57頁。
〔註97〕錢茂偉《姚江書院派研究》附《姚江書院志略》，中國社會科學院出版社、文
　　　　化藝術出版社2005。第279、280頁。
〔註98〕錢茂偉《姚江書院派研究》，中國社會科學院出版社、文化藝術出版社2005。
　　　　第80～85頁。

黃尚質的更多史料不是本文考究的重點，故從略，但其善畫之名也可能確有其事，朱謀垔《畫史會要》成書於崇禎四年（1631），稱黃尚質：「善畫山水人物，古色黯然。」〔註99〕

出了名，就會有人攀附，清道光間《貴陽府志》也把徐渭收進其《文苑傳》：

> 徐渭，字文長，其先山陰人，以事戍龍裏。渭父鏓，占龍里籍，中弘治二年（1489）貴州鄉試，官至夔州同知。生子三人，長曰淮，次曰潞、季即渭也。淮、潞皆隸龍裏衛學，渭返山陰，為山陰學生，性警敏，九歲能屬文，……董份、唐順之、茅坤皆贊之，渭由是知名於世。〔註100〕

徐渭個人並沒有與貴陽發生直接關係，把徐渭作為《文苑傳》人選，似有生拼硬湊之感。

第二節　徐渭的書畫活動與作品考察

徐渭書畫的名聲，在其生前並不是我們今天「耳熟能詳」的狀態。如果檢索徐渭生前書畫交遊的歷程，記錄最多的是在他本人，有人統計中華書局版《徐渭集》收錄是題畫詩共有 460 餘首〔註101〕，當然有些詩並不一定是題自己的畫作，但從其數量上看，已經是不小的數目了，再加上書法作品、題跋、書碑、寫楹聯，其交遊人數也是相當可觀的。楊波的碩士論文《徐渭交遊考》，考證人物 16 類（師承、幕府、宗師、知交、弟子、鄉賢、王侯、名宦、府縣、武功、節烈、文苑、藝術、隱逸、仙釋），共 281 人（據作者介紹，其中也包含並無直接交往，但有師承和影響的如陳淳等人）〔註102〕。即便如此，也還有楊波沒能列入考證範圍裏面的人物，如今

〔註99〕〔明〕朱謀垔《畫史會要》卷四，見載：黃尚質，餘姚人，以鄉薦仕景州守。善畫山水人物，古色黯然。《中國書畫全書》第四冊，第569頁。

〔註100〕貴陽市方志編纂委員會辦公室校注《道光貴陽府志校注》貴州人民出版社2005。第1334頁。

〔註101〕蘇東天《徐渭書畫簡目》：「據中華書局版《徐渭集》收題畫詩有四百六十餘首，約計徐文長的繪畫作品356件，查他書所載書畫作品或著錄有146件，共計502件。其中自有重複者，或係偽作，為供大家查考之方便，一併錄此。」見蘇東天《徐渭書畫藝術》天津人民出版社1991，第58頁。

〔註102〕楊波《徐渭交遊考》，南開大學1998年碩士論文。付瓊《徐渭研究百年述評》，

天能見到的北京故宮博物院藏《先後帖》中的應雲先生。由此可見徐渭交遊範圍之廣和人數之眾。

即便其筆墨交往的人數甚眾，但其筆箚便條、詩稿文墨等書跡，今日所見者寥寥，說明其書法當初也不爲人所重。從今見署名徐渭並進入重要藏所的作品統計情況來看（見附表二《〈中國古代書畫鑑定實錄〉徐渭作品眞僞統計表》），專家組共計鑑定 135 件。其中眞跡 100 件（含精品 14 件），僞跡 30 件（其中含資料 9 件），不同意見 5 件。僞跡占 22%。如果含不同意見的，則占 25.9%。從歷史記評徐渭僞作的言論來看，這個數字算是少的，湯貽汾（1778～1853）題跋：「儥父紛紛直取鬧。大書青藤名敢盜。」〔註103〕潘曾瑩（1808～1878）題跋說：「予見青藤墨蹟甚夥，眞贗各半。」〔註104〕湯雨生題跋是咸豐壬子（1852）年，難道這些眞贗各半的青藤墨蹟，今天會突然消失嗎？從附表二作品的統計中，我們知道被否定的只占 22%，即便算上不同意見的，才占四分之一強。當然，如果把民間及域外所藏加在一起，大約是要過半的。從湯、潘二人的言論中，能夠感受到他們頗爲自信，我們不禁要問，在「青藤名敢盜」的氛圍中，他們是如何判斷眞僞的呢？從現在所能見到的他們題跋的《明徐青藤畫冊》來看，根本不是徐渭的手筆，很難與前人所記述的風格產生關聯，所以我們有必要考察徐渭書畫的眞實面目。

筆者有感於萬曆《紹興府志》、袁宏道、陶望齡等人評價甚高，故留意搜尋其中之佳者，確實發現了一些可供比勘的作品圖版，並考其相對年代，試從早（入幕及以前）、中（入獄期間）、晚（出獄後）三個階段分而析之：

見付瓊《徐渭散文研究》，上海古籍出版社 2007，第 268 頁。

〔註103〕〔清〕湯貽汾，字若儀，號雨生，晚號粥翁，江蘇武進人。曾官溫州鎮副總兵，後寓居南京，天平天國攻破金陵時，投池而死。其人多才多藝，於百家之學均有所造詣，工詩文書畫，精於山水，亦能花卉松柏。

〔註104〕〔清〕龐元濟《虛齋名畫錄》卷十二，《中國書畫全書》第十二冊，第 540 頁。潘曾瑩，吳縣（今江蘇蘇州）人。清道光二十一年（1841）進士，官至工部左侍郎。學有要柢，尤長於史學。工書、畫，初寫花，以徐渭、陳淳爲宗。冶艷有致。後專工山水，秀逸曠遠，每作扇頭小景，極似王、惲。書則初學趙孟頫，晚學米芾，尤得其神髓。卒年七十一。

一、早期（43 歲以前）書畫活動與作品考察

1、嘉靖三十四年（35 歲），書《唐父母得獎奉賀七律》詩帖

崇禎十三（1640）年徐渭書法被刻入《舊雨軒藏帖》，此刻內容為《唐父母得獎奉賀七律》詩（圖 2-3），而考索徐渭詩歌有《唐簿得獎》並序：「醉翁，謂其友，朱生也。」詩歌內容是：「鳳鸞何代獨無之，枳棘卑棲盛羽儀。挽粟一朝樓櫓去，旄書連夜度支移。邑多竹色袍俱映，路近松江鱠每思。黃浦醉翁聞此信，定抽釆筆寄新詞。」〔註 105〕從陳繼儒的題跋中可知，「醉翁」當是朱「醉石」先生，其題跋曰：

> 《舊雨軒帖》，醉石先生讀書飲酒，晤千秋於茲室，而文孫即以名流傳墨者也。觀其片楮光潔，生氣嬌嬌，宛睹當年投轄井中，迓車花外蒼蘚閒，落落高賢履跡，即其帖中人亦。文孫茲刻，祖風儼然，故亦顯揚之弘理邪？陳繼儒為支石詞丈題，時年八十有二。〔註 106〕

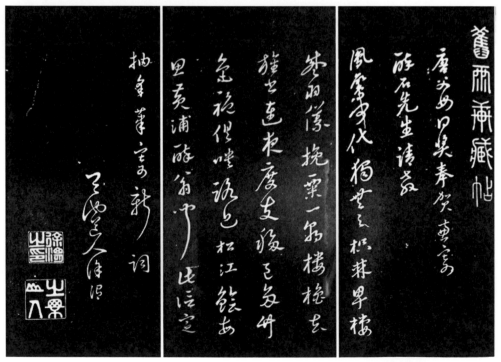

圖 2-3 《舊雨軒藏帖》刊《唐父母得獎奉賀七律》（真）

〔註 105〕〔明〕徐渭《徐文長逸稿》卷四，《徐渭集》，第 791 頁。
〔註 106〕容庚《叢帖目》第三冊，中華書局香港分局 1982，第 982 頁。

唐父母即唐一岑，嘉靖中爲崇明知縣，建新城成，一岑謀徙居，爲千戶高才翟欽所阻，未幾倭寇突入，一岑死之，贈光祿少卿建祠祀之。〔註107〕唐一岑卒年，嘉靖三十四年（1555），是年徐渭 35 歲。這是迄今爲止所能確認的徐渭最早書跡，此作行草爲主，多雜章草，正符合徐渭《評字》中自言的，「吾學索靖書，雖梗概亦不得，然人並以章草視之」的記載。亦符合其「迨布勻而不必勻」及「筆態入淨媚，天下無書矣」的審美追求。

2、《煩送帖》、《老官帖》

北京華辰拍賣有限公司 2003 年春拍徐渭二通便箋《煩送帖》、《老官帖》〔註108〕（圖 2-3）是近年來拍賣品中少見的徐渭精品，拍賣會圖錄說明認爲「應寫於他擔任胡宗憲幕僚的時期」，有一定道理。《徐文長三集》卷十六有《奉按察胡公狀》：

> 按察明公臺下：某於八月十五日接到會稽縣發下綿紙五百張，筆三十管，墨五定，並類抄明臺牌詞一紙，別帖一封。某竊見牌詞及帖封面俱開「徐生緯」字樣，不繫某名，且事屬撰文，某自揣分量，不敢叨冒，遂將原封帖並所領物並送還縣。良久，縣復差人俱到所以，云當是某，方敢啓封。……某近日患病，不能至省，須病稍愈，即當馳謁明臺。〔註109〕

徐朔方著《晚明曲家年譜》把此狀繫年爲嘉靖三十八年（1559）〔註110〕。（胡宗憲於嘉靖四十一年十一月被削籍，文長歸越。徐渭在幕僚的時期是 38 歲到 42 歲。）我們讀此《老官帖》信札，從送給按察司刑房老官「千萬勿遺、

〔註107〕《大清一統志》卷七十一。文淵閣《四庫全書》本。

〔註108〕北京華辰拍賣有限公司 2003 年春季拍賣會徐渭便箋二通，介紹文字曰：應寫於他擔任胡宗憲幕僚的時期。……爲約於 19 世紀，是收藏中國書畫方面非常有名的法籍收藏家 J.P.DUBOSC 舊藏。這二通便箋雖然沒有徐渭款，但與臺北故宮藏徐渭尺牘《鞋底布帖》、《感惠帖》的藏家用印同爲「貫夫心賞」。此人當是清陸紹曾，字貫夫，號白齋，吳縣（今江蘇蘇州）人。工篆、籀、八分，精於賞鑒。嘗與張燕昌（1738～1814）同輯《飛白錄》，有劉星高嘉慶八年（1803）序。張又棟編著《書法創作大典（隸書卷）》，介紹陸紹曾生卒爲 1736～1795。未知何據。新時代出版社，2001。此作品後爲臺灣何創時基金會入藏，師黃惇先生於臺北講學，經由吳國豪先生轉贈彩色複印件。

〔註109〕〔明〕徐渭《徐文長三集》卷十六《奉按察胡公狀》，《徐渭集》，第 461 頁。按：「俱到所以」之「到」，疑爲「道」誤。

〔註110〕徐朔方《晚明曲家年譜》第 2 卷，浙江古籍出版社 1993，第 461 頁。

千萬勿遺」的語氣看，徐渭對所拜託之事之慎重程度，可見其處世的心態。盛鴻郎《徐文長先生年譜》還把涉及王良秀的一首詩歌《筵中漫贈王良秀筆史》繫年在嘉靖三十一年（1552 壬子）〔註 111〕，詩歌內容是：「囊琴三尺餘，投我主人居。老叟能稱隱，諸郎總解書。夜深時喚酒，春盡共騎驢。去到西湖上，梅花帶雪舒。」〔註 112〕故此，把《煩送帖》與《老官帖》定位在其徐渭入幕府期間應該問題不大。其中《煩送帖》所言王心葵者也是徐渭的朋友，《徐文長三集》收有《寄王子心葵　殊古》：

> 葵花似君心，向日解違陰。葵葉我所愧，有足不能衛。
>
> 與君凤相知，把葵吳山時。今日相思處，南冠繫楚儽。〔註 113〕

駱玉明、賀聖遂著《徐文長評傳》認為這首詩歌大抵為隆慶三、四、五年間所作。〔註 114〕王心葵在徐渭的文集中只出現一次，其人情況不是很清楚。這兩件作品用筆清勁姿媚的特色已經顯露，結字也明顯帶有米書欹側的特點，其中如「王良秀」的「王」字壓扁，長橫露鋒下筆的個人風格已見端倪。相比《唐父母得獎奉賀七律》貼，則成熟了許多。

3、《魚雁帖》

中國嘉德 1998 年春拍徐渭書箚《魚雁帖》（圖 2-5），右下角有印刷款「生徐渭頓首」，當是徐渭的專用書簡。其書法風格特色近於《煩送帖》、《老官帖》，筆劃雖細，然氣脈貫通，結字以欹側取勢，跌宕多姿。體現了徐渭對用筆、結字及行氣有較強的控制能力。「之」、「山」字壓扁，「魚」、「一」、「書」字長橫露鋒下筆的個人風格更加突出，出現頻率比《煩送帖》有所增加。它們書寫的內容多為生活瑣事，但都符合徐渭的行為習慣，比較可信。

〔註 111〕盛鴻郎《徐文長先生年譜》，趙敏俐主編《中國詩歌研究》第五輯中華書局 2008 年 12 月，第 116 頁。年譜記曰：嘉靖三十一年壬子（1552），三十二歲。應壬子科。……至杭，薛應旂宴請時，渭又作《筵中漫贈王良秀筆史》。

〔註 112〕〔明〕徐渭《徐渭集》，第 201 頁。

〔註 113〕〔明〕徐渭《徐文長三集》卷四，《徐渭集》，第 78 頁。另，《徐文長文集（三十卷）》萬曆四十二年鍾人傑刻本中《寄王子心葵》後有「殊古」二字，當為其字。

〔註 114〕駱玉明、賀聖遂《徐文長評傳》，浙江古籍出版社，1987，第 247 頁。

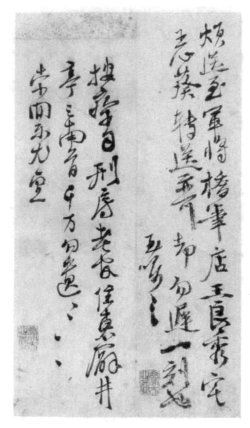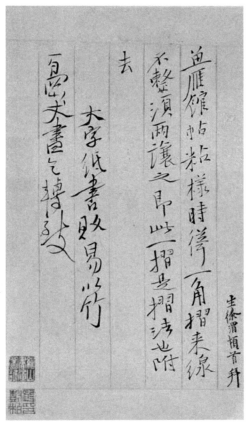

圖 2-4　2003 年北京華辰拍品《煩送帖》、《老官帖》（今藏臺灣何創時基金會）（真）

圖 2-5　1998 年中國嘉德春季拍品《魚雁帖》（真）

二、中期（44～53 歲）書畫活動與作品考察

1、隆慶二年（48 歲）三月書《春雨》卷

上博藏《春雨》卷（圖 2-6），縱 28.4cm、橫 654.5cm。此卷作品署款是「隆慶春之望後」，一般認為是隆慶改元時所書，如劉九庵先生就是把它歸在 1567 年（47 歲），作品原款內容是：

> 隆慶春之望後，時接初夏矣，尊鑪既盛，二張君扶木以歸，酒饌既傾，書此為別。

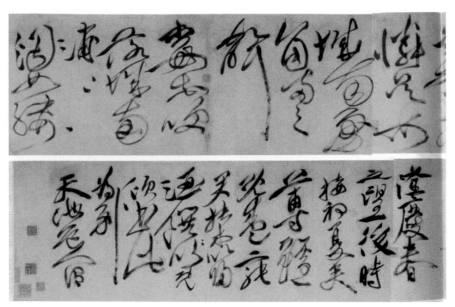

圖 2-6　上海博物館藏《春雨》卷部份（眞）

　　隆慶年間徐渭還在獄中，所以也有人認爲這是隆慶四年，徐渭獄中脫枷以後所書，我以爲非是。首先是書寫地點不應當在獄中，徐渭自著《畸譜》寫的很清楚，他在隆慶二年有一次出獄機會的，即「生母卒，出襄事」。保釋者乃丁肖甫，徐渭在《告丁母》中提到：「當某囚時某母死，叔子能出我於獄，而周旋我母之喪。」〔註115〕其中「二張君」爲其少時同學好友，即張子錫、張子文兄弟。「扶木以歸」，則可能是指二張陪同徐渭送葬歸來。根據習俗，送葬後治喪人家要感謝弔喪之友朋，故有「酒饌既傾」之事。辦完喪事，徐渭自己要回到獄中去，故「書此爲別」。從詩歌內容來看，與友情也無關，可見非寫詩相贈，而是書寫了舊作《春風》和《楊妃春睡圖》兩首七言古詩：

　　　　春雨（風）剪雨宵成雪，長堤路滑生愁絕。軍中老將各傳書，
　　二十四蹄來甍（蹴）鐵。要（邀）客行湖一客（物）無，高樓立馬
　　問當壚。吳姬臉上胭脂凍，回道張筵待客沽。湖中鯉魚長尺許，作
　　美（羹）送酒憐吳女。城南（頭）畫（哀）角兩三聲，梅花吹落城
　　南浦。城南浦，煙如縷，人歸馬亦還其主。明朝湖畔雪晴時，還看
　　青山插高處。〔註116〕

〔註115〕徐渭《告丁母》，《徐渭集》，第 662 頁。
〔註116〕〔明〕徐渭《徐文長三集》卷五《春風》，《徐渭集》，第 118 頁。括號中爲文
　　　集與墨蹟相異之字。

守宮夜落胭脂臂，玉堦草色蜻蜓醉。花氣隨風出御牆，無人知
道楊妃睡。皀紗帳底絳羅委，一團紅玉沉秋水。畫裏猶能動世人，
何怪當年走天子。欲呼與語不得起，走向屏西打鸚鵡。爲問華清日
影斜，夢裏曾飛何處雨。〔註117〕

　　從落款內容可知這一長卷完全是爲了感謝二張君而以書法相贈的即興創
作，因書寫速度較快而未及推敲時有訛誤。上文括號內均爲徐渭文集中修整
以後的用詞，如「春風」書卷中寫作「春雨」、「羹」草爲「美」等。「春之望
後，時接初夏」，蓋入夏之前的三月下旬（十五月圓爲「望」）。由此可知，徐
渭生母卒月，也當是這一年三月。

　　從此卷的書法來看，用筆蒼勁奔放。結字略微傾斜，勢圓氣盛，用筆健爽，
鋒芒外露。徐渭此時的書法已經比較成熟，可能與「既在縲紲，益以此遣日」
而提高書藝有關。其中出現很多富有個性特徵的用筆，短撇短促有力、長橫露鋒
橫掃，比之小字作品，更加老辣。其圓轉的用筆充滿張力與彈性，這是後來作
僞者很難企及的。此卷爲行草結合的作品，行書筆劃簡潔有力，而草書結字也規
範可讀，既有傳統，又有個性，堪稱徐渭大字行草中的經典作品。今存署名徐渭
的長卷有好幾件，都達不到此作水準，故存疑。《春雨卷》放在明代書法中，與
文徵明、王寵之類比較「正統」的人物相比，確實顯得出類拔萃，與陳淳、祝
允明相比也毫不遜色。用筆大膽而流暢，結字奇正相生，與袁宏道所評「強心
鐵骨，與夫一種磊塊不平之氣，字畫之中，宛宛可見」、「筆意奔放」、「蒼勁中
姿媚躍出」、「先生誠八法之散聖，字林之俠客也」〔註118〕的評價也非常吻合。

　　2、隆慶二年（48歲）三月後書《先後帖》、《尊筍貼》。

　　《先後帖》（圖2-7）是上海書店1995年影印出版《明代名人墨寶》時所
定的作品名稱〔註119〕，作品今藏北京故宮博物院。在容庚《叢帖目》卷十一
《明代名人墨寶》中作《與應雲書》，〔註120〕此信札款字「伏縶觚生」與「稽
顙」表明，這也是入獄期間喪母後所書。這件書函，筆劃堅挺，彈性十足，
與43歲以前的早期作品《煩送帖》、《老官帖》、《魚雁帖》相比，其個人風格
相當顯著，有「行草類米」的特色，字形大小寬窄、字距或緊或鬆，極盡變

〔註117〕　〔明〕徐渭《徐文長三集》卷五《楊妃春睡圖》，《徐渭集》，第115頁。
〔註118〕　〔明〕袁宏道《徐文長傳》，《徐渭集》附錄，第1342頁。
〔註119〕　《明代名人墨寶》，上海書店1995年版。
〔註120〕　容庚《叢帖目》第三冊，第1011頁。《明代名人墨寶》錄徐渭此札名爲《先
　　　　　後帖》。上海書店出版社1995年，第145頁。

化，然皆能合理控制。確有密不透風、疏可走馬之感。用筆迅捷不亞米海嶽，結字開張不讓黃魯直，橫勢的寬闊超過了東坡先生。如第三行「應雲先生大人老兄足下」數字擠在一起，卻亦自然合拍，眞神來之筆。用其評倪瓚的話來說是「古而媚，密而散」亦很合轍。文中除表感激之情外，還探討書藝，如「比聞旅處甚亨，書道大振，欣慰！」可惜此「應雲先生」無考，徐渭文集中未見。如果說上博大字長卷是其大字代表作，那麼這件尺牘亦可認爲是其小行書的代表作。

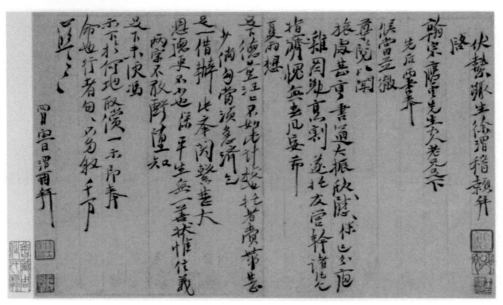

圖 2-7　北京故宮博物院藏《先後帖》（眞）

《尊笥貼》（圖 2-8）爲中國嘉德 1996 年中國書畫拍賣會拍品，今歸美國私人藏。薛龍春先生訪美期間拍得照片相贈，得以觀其精微之處，但不知何故，只見其左半（見書所附大圖）。這也是件行草書札，從款「羈哀生」和「眼昏作書」等推測，也可能是在獄中所書。雖爲「不謹」的「眼昏作書」，但此札依然保持了爽利的用筆與靈動的氣息。

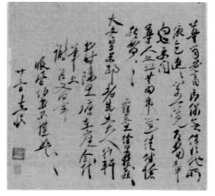

圖 2-8　1996 年嘉德中國書畫拍賣會拍品中的徐渭書札（眞）

3、隆慶五年（51歲）六月後書《捧讀》詩稿

《捧讀》詩稿（圖 2-9）是徐渭寫給老師王龍溪幾請教詩歌的信札，比一般的信札大很多，長193cm，高29.3cm。有張大千「大風堂」與「大千好夢」收藏印，今歸榮寶齋收藏。沒有書寫時間，根據其中「無奈長安道路爲，兩年兩度去相知」句，可知徐渭曾兩度入京。查《晦譜》，徐渭前兩次去北京的時間，分別是嘉靖四十二年（1563）冬和嘉靖四十三年秋，所以說「兩年兩度」。徐渭第一次是應禮部尚書李春芳之招，爲其幕僚，次年仲春辭歸；第二次因李不同意其辭聘，被迫再度赴京，經朋友周旋始獲歸。可見其兩次赴京的經歷是很不愉快的；而第三次去北京是萬曆四年（1576），應宣鎮巡撫吳兌之邀，赴宣府，途經北京。那麼，詩稿寫作時間下限可定在 1576 年之前。

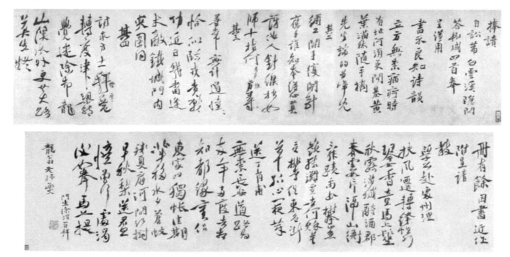

圖 2-9　榮寶齋藏徐渭《捧讀》詩稿手卷（真）

另，根據徐渭此卷前「捧讀《自訟篇》、《白雲溪隱問答》輒成四首奉呈，謹用《書示良知》詩韻」來考察，隆慶庚午（1570）歲晚十有二日，王畿因爲家中失火，房舍及所藏典籍、圖書等均遭損毀，痛心之餘，作《自訟長語示兒輩》〔註121〕。庚午臘月既望又作《自訟問答》〔註122〕；次年，即隆慶辛

〔註121〕〔明〕王畿《自訟長語示兒輩》，見吳震編校《王畿集》，鳳凰出版社 2007年（下同），第 424 頁。《龍溪會語》卷四作《火災自訟長語示兒輩》，見《王畿集》附錄二，第 732 頁。

〔註122〕〔明〕王畿《龍溪會語》卷四，見吳震編校《王畿集》附錄二，第 736 頁。另見《王畿集》卷十五，第 428 頁。

未春正月元日，王畿門人張元忭作《龍溪先生自訟帖後序》〔註123〕；隆慶辛未春二月，友人商廷試作《自訟帖題辭》〔註124〕；隆慶辛未歲六月，諸友人置酒於白雲山房，爲他消愁，《王畿集》卷七有《白雲山房問答》（即《白雲溪隱問答》）〔註125〕，《龍溪會語》卷四還收有《白雲山房問答紀略》。〔註126〕《書示良知》詩當是指王陽明的《詠良知四首示諸生》，詩見《王陽明全集》卷二十〔註127〕。王畿也有詩《和良知四詠》〔註128〕，徐渭即用此詩韻。由此《捧讀》詩稿書寫時間的上限可定在隆慶五（1571）年（51 歲）六月，或在此後不太長的時間裏，亦可能是在獄中完成。

　　《學公赴處州理》：「扶風遷轉絳帷紗，琴女香童馬上鬌。秋露滿城酤酒郡，春雲數片隔山衙。舜跡禹書攀正急，嶺猿灘雪去何賒。莫言桃李俱東危，斷草孤心一夜芽。」與《徐文長逸稿》中收錄的《送府學某師推處州》〔註129〕應爲同一首詩。處州爲浙江麗水，學公可能是新昌呂光洵（待考）。丁肖甫前面已經交代，是其少時同學。這件作品楷、行、草書體均有，字也接近中楷，字形變化幅度較大，但都能相互呼應，變化自然。尾款的楷書也筆力堅挺，有板有眼。

〔註123〕〔明〕王畿《龍溪會語》卷四，見吳震編校《王畿集》附錄二，第 742 頁。

〔註124〕〔明〕王畿《龍溪會語》卷四，見吳震編校《王畿集》附錄二，第 731 頁。

〔註125〕〔明〕王畿，吳震編校《王畿集》卷七，第 169 頁。

〔註126〕〔明〕王畿《白雲山房問答》《龍溪會語》卷四《白雲山房問答紀略》，見吳震編校《王畿集》附錄二《白雲山房問答》，第 743 頁。

〔註127〕〔明〕王陽明《詠良知四首示諸生》：個個人心有仲尼，自將聞見苦遮迷。而今指與眞頭面，只是良知更莫疑。問君何事日憧憧？煩惱場中錯用功。莫道聖門無口訣，良知兩字是參同。人人自有定盤針，萬化根源總在心。卻笑從前顛倒見，枝枝葉葉外頭尋。無聲無臭獨知時，此是乾坤萬有基。拋卻自家無盡藏，沿門持缽效貧兒。見《王陽明全集》卷二十外集二，上海古籍出版社 1992，第 790 頁。

〔註128〕〔明〕王畿《和良知四韻》：謾於感處問憧憧，虛寂從教證聖功。但得無心如尺護，義文一派古今同。古來學易有宣尼，讀罷緯編更不迷。兩畫乾坤無一字，紛紛著象轉增疑。駕鶩傳譜不傳針，萬古經綸只此心。聞道具茨迷聖解，空中鳥跡若爲尋。浮生役役了何時，坤復之間好立基。莫道仙家能抱一，儒門亦自有嬰兒。見吳震編校《王畿集》卷十八，第 551 頁。

〔註129〕〔明〕徐渭《徐文長逸草》卷四，《徐渭集》813 頁。《送府學某師推處州》詩曰：時方攝餘姚，而衙多妙侍，處州盛以露釀，四方多來販，名金盤露。郡衙對萬山。扶風帳底舊吳娃，把燭今番照削瓜。秋露滿城酤酒郡，春雲數片對山衙。禹嶠舜川題正急，嶺猿灘雪去何賒。莫言桃李俱回首，爛草孤心一夜芽。

三、晚期（54歲以後）書畫活動與作品考察

1、《鞋底布帖》、《感惠帖》等

臺北故宮藏徐渭尺牘《鞋底布帖》、《感惠帖》〔註130〕（圖 2-10）、北京故宮藏《小兒感疾帖》、《勞買帖》（圖 2-11）〔註131〕，從尺牘所言「小兒感疾」、「鞋底布共四尺」、「買枳術丸」來看，當為其次子徐枳尚小的時候所書，如果枳母張氏還活著，徐渭可能不太會過問鞋底布之類的事情，而張氏在嘉靖四十五年被殺，其後徐渭入獄，直到萬曆元年（1573）出獄。徐枳是嘉靖四十一年（1562）生，此時也就十一、二歲，生活瑣事當然都由徐渭自己承擔。以此看來，徐渭寫此箋也可能在五十四歲以後。徐渭作品真跡少見，大量的詩稿也未見流傳，這種便箋得以留存，實屬難得。從書法的角度看，可能是由於經濟負擔較重，從筆劃來看我們能感受到其毛筆的質量要次於其他作品。處理日常家務的內容以及心態的流露，可以從其速度中感知，雖無心書法，但書法的個人特色還是能夠得以呈現的。

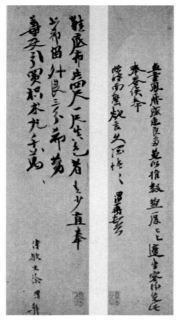

圖 2-10　臺北故宮博物院藏
《感惠帖》、《鞋底布帖》（真）

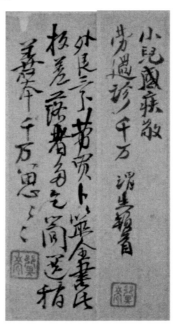

圖 2-11　北京故宮博物院藏
《小兒感疾帖》、《勞買帖》（真）

〔註130〕見《故宮歷代法書全集》（冊二八），臺北故宮博物院 1979 年版。
〔註131〕楊臣彬《談明代書畫作偽》，《文物》1990/8。楊先生文中以為真跡附圖共三件，見載《中國書法全集 53 徐渭》榮寶齋出版社 2010。

2、《帳顏札》

《帳顏札》（圖 2-12）是中國嘉德 2006 拍賣食笥齋珍藏中的尺牘。〔註 132〕徐渭此札楷、行、草書三體兼有，從其格調氣息來看，比起其他作品來，心態更爲優游自在，如「煩乞如清晨所告」等字，輕鬆隨意而法度俱在。這件作品上也鈐有「貫夫心賞」小印，可知與臺北故宮博物院藏《鞋底布帖》等同爲清藏家陸紹曾收藏過。此作書法藝術意趣同樣表現在字裏行間，不管是用筆書寫的節奏、速度，還是結字，既與上文所引各帖之間都有呼應，又有自身的特色，可謂隨意落筆，皆爲典則，誠大家瀟散之風範。

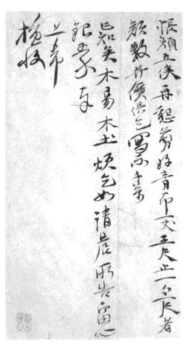

圖 2-12　中國嘉德 2006 拍賣食笥齋珍藏中國書法《帳顏札》（眞）

3、萬曆六年冬至十一月（58 歲）後《跋豐坊帖》〔註 133〕

據容庚《叢帖目》介紹，茅一相於萬曆十年（1582）秋八月望刻《寶翰齋國朝書法》卷十四，其中收有豐坊《長信宮辭》、《畫鷹歌》、《行路難》、《夢槎行》、《宛在亭歌》、《雪酒歌並跋》，後有文嘉、茅一相、徐渭、杜大中、張獻翼跋。今見此影印本後刻有文嘉萬曆六年冬十一月三日跋，卻不見徐渭等人之跋，或有脫落。徐渭之跋既然在文嘉之後，那麼這也當是徐渭之跋時間的上限。容庚評說：「凡百餘種，明人書家約略已備，自隆慶三年始至萬曆十三年成，摹刻選輯皆精，輯者茅一相，字國佐，浙江歸安人」。茅一相何許人，徐渭爲何得到他的賞識？南飛雁撰《關於明代美術理論家楊愼與茅一相》一文，對於茅一相的介紹相對詳細：關於茅一相的史料，相對要少，《明史》無傳。茅一相，字國佐，號泰峰，慕韓康伯之爲人，又號康伯，以例爲光祿寺丞。父親茅乾，嘉靖中由監生授廣東都司經歷，升南寧府通判。

〔註 132〕中國嘉德 2006 拍賣食笥齋珍藏中國書法，簽條：明書畫大家書札。雙宋樓秘籍。冊頁（九開）水墨紙本內收祝允明三頁、周臣一頁、仇英二頁、王穀祥一頁、陸治一頁、徐渭一頁。尺寸不一。

〔註 133〕容庚《叢帖目》第三冊，中華書局香港分局 1982，第 960 頁。

叔父茅坤（1512～1600），字順甫，號鹿門。〔註134〕因爲與茅坤發生了聯繫，我們也就清楚爲什麼茅一相認識徐渭了。茅坤與徐渭同爲胡幕府中客，茅坤雖與文長有交往，但並無深交，看來這位侄兒茅一相，對徐渭的才情還是比較折服的，可惜目前還無緣得見此跋。

4、萬曆七年（59歲）前撰文並書的墓誌殘石一件

徐渭撰文並手書的墓誌殘石（圖2-14）〔註135〕，其碑文中的字，也屬於楷書，雖殘爲三塊，存字不多，但筆劃的傾斜，字形結構不斤斤於碑版繩矩，而一任自然，有大蘇氣象。可能是刻碑不謹，故比起上面殘聯來要渙落許多，但還是能夠看出它們之間有很多相通之處的。根據徐渭自著《畸譜》記載，「改葬先考妣兩室人」〔註136〕是在萬曆七年（1579年，59歲），其書寫時間也當在此年。從墓誌可見「歷七年」字樣，可能就是「萬曆七年」的殘存。

圖2-14　徐渭撰文並書的墓誌殘石拓片（真）

5、潘博山藏《巽公帖》

潘博山藏《巽公帖》見《明清書畫家尺牘》〔註137〕，（圖2-13）。這是一件以草書爲主的信札，與《魚雁帖》一樣，在其右側下方，也有印刷在紙上的簽名。因帖中有「……特斷葷酒，宿疾老火，一嗅且遠遁矣」句，似爲60歲前後所寫信札。筆劃跳躍騰挪，變化豐富，但用筆結字交代清楚，連字分組，一應自然，毫無後人作僞的誇張與不守法度。如第十行中的「藤」、「來」等字，多爲後世僞作所模仿（見圖4-49），但仿品多拙陋而不堪入目。

〔註134〕南飛雁撰《關於明代美術理論家楊慎與茅一相》，見《中國歷史大辭典通訊》1985/01。
〔註135〕周燕兒《紹興發現徐渭撰文並手書的墓誌殘石》，《文物天地》1991/04。
〔註136〕〔明〕徐渭《畸譜》，《徐渭集》補編，第1325頁。
〔註137〕容庚《叢帖目》第二冊，中華書局香港分局1981，第909頁。圖見《明清書畫家尺牘》，上海書店出版社1996。

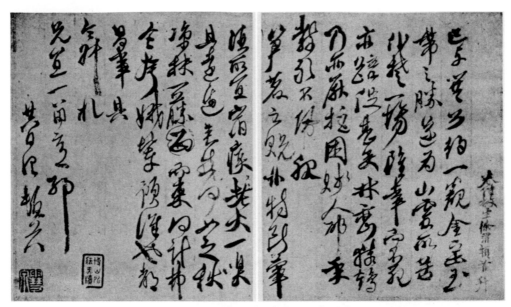

圖 2-13　潘博山藏《巽公帖》（眞）

6、萬曆十二年（64 歲）撰並書《三江湯公祠聯》

《徐文長文集》記載，徐渭曾爲三江閘湯公祠撰並書過一副對聯〔註 138〕。其內容爲：「鑿山振河海千年遺澤在三江纘禹之緒，煉石補星辰兩月新功當萬曆於湯有光。」文革期間，三江閘湯公祠遭受破壞，碑及文物被摧毀殆盡。2001 年紹興在清理垃圾的時候發現了徐渭名聯殘柱爲東湖石質，直徑 30cm，高度 128cm，留存「禹之緒」三字楷書（圖 2-15）。

從聯語中「兩月新功當萬曆」判斷其書寫時間，當是在 50 歲以後。又從洪慧良、祁萬榮撰寫的《紹興農業發展史略》〔註 139〕瞭解到，該閘曾有 6 次較大規模修繕。第一次爲萬曆十二（1584）年知府蕭良幹主持，第二次是崇禎六年（1633）。由是可知此聯當撰書於徐渭 64 歲。徐渭不僅僅寫了聯柱，還代張元忭寫了

圖 2-15　紹興徐渭撰並書《三江湯公祠聯》殘柱（眞）

〔註 138〕〔明〕徐渭《徐文長佚草》卷七，題爲《三江湯太守祠》，見《徐渭集》，第 1152 頁。

〔註 139〕洪慧良、祁萬榮《紹興農業發展史略》，杭州大學出版社 1991，第 208～210 頁。

《閘記》〔註140〕。清道光《會稽縣志稿》還附有俞忠孫節霞《紀逸》，以《徐渭撰應閘柱銘》爲題記錄此事。

　　從殘留的三字來看徐渭的榜書大字，結字開闊有度，端莊而不失靈活，用筆乾淨利落、峻拔堅挺。「禹」之末筆，「緒」字的左旁等以連筆爲之，有楷書穩健的體勢又不失行書筆意，很見功力，與萬曆十五年《紹興府志》徐渭小傳介紹的「所臨摹甚多，擘窠大字類蘇，行草類米。書險勁有腕力，得古人運筆意」的介紹非常吻合。比之蘇東坡大字，也豪不遜色。

　　通過以上書跡分析，我們可以初步領略徐渭書法在其生前的實際狀態，其中短札便箋佔了大多數，以行書爲主兼及楷、草。筆者認爲以上是今存比較可靠的一部份徐渭書跡，亦可看作是徐渭書法的標準件，雖然這些作品不算很多，但大概可以瞭解徐渭不同階段的基本風格類型。

7、《墨葡萄》、《雜花圖卷》與徐渭大寫意畫風

　　徐渭繪畫題款也是研究徐渭書法不可多得的材料，也是鑒定徐渭繪畫眞僞的重要依據之一，署名徐渭的繪畫作品數量很多，以筆者研究徐渭書法的結果來看，能體現徐渭書法特點的繪畫題款非常少，很難納入討論範圍，但其中有兩件作品，卻能達到張岱評論的「青藤之書，書中有畫；青藤之畫，畫中有書」的特點，一件是南京博物院藏《雜花圖》卷（蘇24--0126）（圖2-16），另一件是故宮博物院藏《墨葡萄》軸（京1-1839）（圖2-17），它們的題款與徐渭書法風格有相通之處，其用筆的節奏與結字的收放中，可見其對毛筆與水墨的操控能力（圖2-18、19）。從成熟的繪畫技能來看，這兩件作品應當是偏於晚期的作品。李佐賢曾收藏《墨葡萄》軸，其《書畫鑒影》記曰：

　　　　墨筆寫意，老幹橫出，雙枝下垂，穗穗團圓，驅墨如雲，運筆如風，想見作畫時解衣磅礴之概。〔註141〕

〔註140〕〔明〕徐渭《閘記》（代張元忭作）見《徐渭集》，第599頁。徐朔方《徐渭年譜》，見《晚明曲家年譜》第2卷，第182頁。盛鴻郎《徐文長先生年譜》，亦都繫於是年。第177頁。

〔註141〕〔清〕李佐賢《書畫鑒影》卷二十一，第二十五頁。著錄時：把「半生」誤作「白頭」。「無處賣」誤記爲「沒處賣」。《續修四庫全書》子部，第1086冊，第128頁。

圖 2-16　南京博物院藏《雜花圖卷》局部（眞）

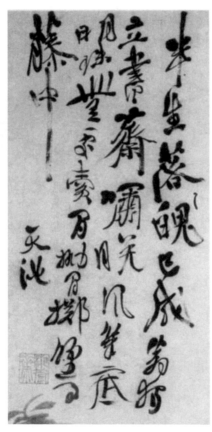

圖 2-19　南京
博物院藏《雜花
圖》卷款（眞）

圖 2-18　故宮博物院藏《墨葡萄》
軸題款（眞）

圖 2-17　故宮博物院藏
《墨葡萄》軸（眞）

徐渭《雜花圖卷》在 2007 年「5.18 國際博物館日」被南京博物院評爲「鎭院之寶（水墨之寶）」，他們是這樣描述的：

> 《雜花圖》卷縱 30 釐米，橫 1053.5 釐米，在這卷十餘米的長卷中，徐渭以淋漓酣暢的「膠墨」分別畫有牡丹、石榴、荷花、梧桐、菊花、南瓜、扁豆、紫薇、紫藤、芭蕉、梅、蘭、竹等共計 13 種花卉蔬果。徐渭以其疾飛狂掃的豪放氣勢，縱橫揮灑，信筆塗抹；畫中華滋豐潤的牡丹含羞沾露，占盡風流；碩荷、榴枝、菊豆、梅蘭、修竹，用筆姿縱率意，筆觸歪斜正側，跌來倒去，或偃或仰，隨意點染，無不自如流暢。筆墨看來似不經意，然畫中線條、墨彩、氣韻、造境俱佳。作紫藤則逸筆草草，洋洋灑灑。忽而，又如狂風乍起，驟雨俱至，條條筆道，斑斑墨點，筆走神蛇，點線飛舞，縱橫密集，線條速疾顚狂，畫中盡顯著交響樂一般波瀾起伏的宏大樂章，傾刻，筆住墨涸，戛然中止，墨彩紛呈，留下滿紙斑斕。於今，時隔 4 個世紀，畫中仍可顯見墨蹟淫淫的濕潤感。無怪謝稚柳先生在觀後冠其「天下第一徐青藤」的美譽。〔註 142〕

如果從大寫意繪畫精神來說，此作比宋之梁楷來也是有過之而無不及，謝稚柳稱其爲「天下第一徐青藤」還是很有見地的。徐渭繪畫審美基調的確立，如上文中《書劉子梅譜二首》的序言中所說：「予不能畫，而畫之意則稍解。……予不能道，至若其不求似而有餘，則予之所深取也。」作者以詩比畫，甚得畫理，故能畫出「鎭院之寶」這樣精妙的作品來，清翁方綱（1733～1818）題跋徐渭《雜花圖卷》說：

> 墨鴟夷作青蛇咋，柳條搓線收風餘。幽墳鬼語氂婦哭，帥雪神光摩碧虛。
>
> 忽然灑作梧與菊，葡萄蕉葉榴芙蕖。紙才一尺樹百尺，何處著此青林廬！
>
> 恐是磊砢千丈氣，夜半被酒悲唏噓。淋漓無處可發洩，根莖下識誰權輿。
>
> 尚未遽寫太湖石，蒼茫迥門勾勒初。江樓高歌大風雨，東家蝴蝶飛蘧蘧。

〔註 142〕魯力《「天下第一徐青藤」——讀徐謂〈雜花圖〉卷》，東南文化 2000/10。

田水月亦自喻語，千峰梅花一寒驢。空山獨立始大悟，世間無物
非草書。〔註143〕

「世間無物非草書」，徐渭的畫如同狂草一樣酣暢淋漓，不以形似媚人，
而以筆墨律動折射出內在的精神世界感人。孔六慶先生在《中國花鳥畫藝術
專史（花鳥卷）》中說，在長卷（繪畫）方面，特別體現在《雜花圖》卷「無
法無天的狂塗，那種如大海惡浪狂濤顛翻乾坤般的感覺」，「像《墨葡萄》軸
類『水』墨淋漓之作，與《雜花圖》卷一樣是徐渭畫法的典型」。〔註144〕今存
繪畫作品只有這兩件東西能夠代表徐渭的最高水平，徐渭是否還存在其他風
格特點的繪畫？孔先生說：或許是不同的精神狀態下採用了不同的表現技
法。這種解釋也是很合理的，只是從筆者現有資料來看，其他繪畫上的題款
多與徐渭書風差距較大，因此基本存疑。

筆者亦求教孔先生，徐渭與一般的畫家相比，除了在用膠用水等技法層
面與一般的畫家不同以外，還有什麼特別之處嗎？他說：歷史上如徐渭這種
文人畫家，靠天才的理解能力，從半路殺入畫壇並烜赫畫史的大約有三位：
一為徐渭；二為金農；三是吳昌碩。他們都能脫略畫工蹊徑，以詩入畫。孔
先生說的很有見地，或許這就是他們獨特的個性風格，如果入得畫工蹊徑則
不是徐渭了。

我們還是回到徐渭的畫上來。在筆者所目見的繪畫作品中，除了上述兩
件作品以外，並非沒有類似畫風的作品，如北京故宮博物院藏《四時花卉圖
卷》（京 1-1835），因爲引首有「煙雲之興」四個大字，故又名《煙雲之興》
卷（圖2-20），從其繪畫技巧來看，對水墨的運用確實是比較好的，但其卷首
大字與題畫書法卻有問題，題畫詩是：「老夫遊戲墨淋漓，花草都將雜四時。
莫怪畫圖差兩筆，近來天道夠差池。」從其畫面來看，分爲四段，應該是「四
時」花卉圖，而不是花草「雜四時」，可見題畫詩與畫面是有些矛盾的。此外，
北京故宮博物院還有一幅《四時花卉圖》軸（圖2-21），其畫面與題畫詩的內
容是吻合的，與《四時花卉圖》卷題畫詩內容也一樣，只是「近來天道夠差
池」的「夠」寫作「彀」，兩者意思相同。這兩件題畫詩相同的畫作，題畫書
法風格都與筆者疑僞的類型接近（本書第四章第二節個案五「徐渭送史甥花

〔註143〕〔清〕翁方綱《題徐人池水墨寫生卷歌》，見南京博物院藏徐渭《雜花圖卷》
　　　　跋尾。
〔註144〕孔六慶《中國花鳥畫藝術專史（花鳥卷）》，江西美術出版社2008，第389頁。

圖 2-20　故宮博物院藏《四時花卉圖卷》題首、部份畫面、尾部題畫詩款（疑偽）

圖 2-21　故宮博物院藏《四時花卉》軸（疑偽）

卉卷二種」。《中國古代書畫鑒定實錄》中，專家組把「徐渭送史甥花卉卷二種」定位爲「資料」，即疑僞）。用類似的書法風格題款的，還有故宮博物院藏《墨花九段卷》、中國歷史博物館藏《雜花六段卷》、瀋陽故宮博物院藏《蔬果卷》，以及榮寶齋藏《雜花圖（八段）卷》。對於榮寶齋藏《雜花圖（八段）卷》〔註145〕專家組意見也不統一，在《中國古代書畫鑒定實錄》中專家們的意見分別是：

> 謝稚柳認爲：「卷後款較差，章不好，中間題詩好。」
>
> 徐邦達：「一望而知眞。」
>
> 楊仁愷、傅熹年：假。
>
> 徐邦達：「章確實不太好，存疑。」
>
> 謝稚柳、楊仁愷搖頭。
>
> 徐邦達堅持自己意見。〔註146〕

《雜花圖（八段）卷》題款是：萬曆壬辰（1592）秋青藤道人醉塗於萬玉山房（圖 2-22）。它與上海博物館藏《花卉八段卷》（滬 1-1111）的題款（圖 2-23）風格是一致的，或許是專家們未能把兩件作品放在一起比較，導致了同一風格給出眞僞不同的結論。還有在《中國古代書畫圖目》中被傅熹年疑僞的上博的《五月蓮花圖》軸（滬 1-1115），題款也與上列繪畫相似〔註147〕。從畫法看，與榮寶齋藏《雜花圖（八段）卷》中的蓮花、故宮博物院藏《墨花九段卷》中的蓮花（圖 2-24），及上博藏《五月蓮花圖》中的蓮花（圖 2-25）畫法相同，而與上海博物館藏《花卉八段卷》中的蓮花卻不同，他們都屬於同一個類型的贗品（具體辨僞見下文第四章第二節個案五）。

〔註145〕《中國古代書畫圖目》未收此件作品，見《榮寶齋畫譜古代部份‧十七 徐渭花鳥》，榮寶齋出版社 1998。

〔註146〕《中國古代書畫鑒定實錄》第一卷，中國出版集團東方出版中心，2010 年。第 376 頁。

〔註147〕《五月蓮花圖》軸在《中國古代書畫圖目》中被注爲傅熹年疑僞，後來出版的《中國古代書畫鑒定實錄》沒有記錄疑僞，反而被定爲好作品，屬於眞跡、精。《中國古代書畫鑒定實錄》第三卷，中國出版集團東方出版中心，2010 年。第 1202 頁。

圖 2-22　榮寶齋藏《雜花圖（八段）卷》部份（疑偽）

圖 2-23　上海博物館藏《花卉八段卷》部份（疑偽）

圖 2-24　故宮博物院藏《墨花九段卷》　圖 2-25　上海博物館藏《五月蓮花圖》
中的蓮花（疑偽）　　　　　　　　　中的蓮花（疑偽）

　　陶元藻（1716～1801）《越畫見聞》所錄畫家，從魏晉至於「我朝」共輯
得 52 人，時間跨度很大，畫家人數並不很多，可見其抉擇之嚴。對於徐渭的
看法，在陶元藻所生活的年代，已然與前代不同，此書自序於 1795 年，徐渭
去世已經 203 年，陶元藻是位有心人，他要為越地畫家傳名，他在此書的《序
言》中說：

或專精水墨，或偏善鉛華；或技雖工而名不出於鄉里；或跡尚
在而人已忘於百年；或別有令聞而畫筆反爲所掩；或終身流寓而故
國罔知其人；授受模糊，淵源莫考，其湮沒於蓬戶紙窗、豆棚瓜圃、
狐兔丘山，不知凡幾。〔註148〕

他的看法應該是很有代表性的，他寫的《徐渭小傳》也深受《芥子園
畫傳》的影響，把他對徐渭的認識與袁宏道等人的評價比較一下，可以發
現所畫內容已經由袁宏道的「花草竹石」變爲「殘菊敗荷」、「爐瓶彝鼎」、
「山水」、「人物」；書法由陶望齡的「精奇偉傑」和袁宏道的「八法之散聖」，
變爲「有縱筆太甚處，未免野狐禪」；排名由「書第一」變爲「畫第一」等
等。

徐渭的書畫的內容與形式，在其去世以後一直在得到增益，對徐渭的評
價也漸漸地隨之發生變化，給後世認識眞實的徐渭，帶來了諸多的障礙。

8、徐渭學畫時間及其繪畫思想簡析

徐渭生前繪畫活動的記載比較少，包括學畫時間也是爭論不休的一個問
題。一般認爲在他中年以後，還是比較可信的，筆者把繪畫部份的內容放到
了晚期（54歲後）來寫作，也是出於這方面的考慮。

徐渭寫入《畸譜》的《紀師》與《師類》中，沒有一位是有繪畫才能的
老師，只是在《紀知》中提及陳鶴（崔）海樵是當時的書畫名家（圖2-26）。
陳鶴嘉靖三十九年（1560）卒，徐渭與陳鶴的交往應該在此前多年，他在《陳
山人墓表》中說「雅相抱筆伸紙以朝夕，庶幾，稱知己於山人也」，徐渭與陳
鶴有交往的詩歌，並沒有顯示與學畫有關的內容，如《徐文長三集》卷二十
有《書陳山人九皋氏三卉後》：

　　陶者間有變，則爲奇品。更欲傲之，則盡薪竭鈞，而不可復。
　　予見山人卉多矣，曩在日遺予者，不下十數紙，皆不及此三品之
　　佳。瀚然而雲，瑩然而雨，泫泫然而露也，殆所謂陶之變耶？

〔註149〕

〔註148〕〔清〕陶元藻《越畫見聞》，《中國書畫全書》第十冊，第762頁。
〔註149〕〔明〕徐渭《徐文長三集》卷二十，《徐渭集》，第573頁。

　　這些文字是對陳山人繪畫特點的描寫，徐渭的繪畫審美理想或許受到過陳山人啓發，與陳山人風格有相似處，但並沒有迹象表明徐渭此前就已經向陳鶴學習繪畫了。徐渭在《書劉子梅譜》二首的序言中說自己沒有作畫：

　　　　劉典寶一日持己所譜《梅花》凡二十有二以過餘請評，予不能畫，而畫之意則稍解。至於詩，則不特稍解，且稍能矣。自古詠梅詩以千百計，大率刻深而求似多不足，而約略而不求似者多有餘。然則畫梅者得無亦似之乎？典寶君之《譜梅》，其畫家之法必不可少者，予不能道，至若其不求似而有餘，則予之所深取也。急掀一過，不必跨驢向灞橋，而詩思飄然，於是呼管贈典君，書舊所贈二幅，使吟之。典君試吟，果亦不必跨驢向灞橋，而畫思飄然，更掃一枝以歸我耶？〔註150〕

　　也就是說，劉典寶請餘評畫，餘雖然不會作畫，但「畫之意則稍解」，表明他雖然沒有開始學習繪畫，但是他已經初步形成了自己審美的取向，此後自己作畫與題畫也都體現了這一繪畫理念。《徐文長三集》卷五有《畫百花卷與史甥，題曰：漱老譃墨》七言古詩：「世間無事無三昧，老來戲譃塗花卉。……能如造化絕安排。不求形似求生韻，根撥皆吾五指栽。胡爲乎，區區枝剪而葉栽？君莫猜，墨色淋漓兩撥開。」〔註151〕

圖 2-26　上海博物館藏陳鶴《牡丹圖軸》

〔註150〕〔明〕徐渭《徐文長三集》卷七《書劉子梅譜》，《徐渭集》，第302～303頁。
〔註151〕〔明〕徐渭《徐文長三集》卷五《畫百花卷與史甥，題曰：漱老譃墨》，《徐渭集》，第154頁。

這種「絕安排」、「不求形似」的審美理想，在徐渭多種才藝上都有所表現。如論書曰「凡物神者，則善變。」〔註152〕徐渭在《書季子微所藏摹本蘭亭》中說得更爲具體：

> 非特字也，世間諸有爲事，凡臨摹直寄興耳，銖而較，寸而合，豈眞我面目哉？臨摹《蘭亭》本者多矣，然時時露己筆意者，始稱高手。予閱茲本，雖不能必知其爲何人，然窺其露己筆意，必高手也。優孟之似孫叔敖，豈並其鬚眉軀幹而似之耶？亦取其意氣而已矣。〔註153〕

其詩論也表達了類似的觀念，如他在《葉子肅詩序》中說：

> 人有學爲鳥言者，其音則鳥也，而性則人也。鳥有學人言者，其音則人也，而性則鳥也。此可以定人與鳥之衡哉！今之爲詩者，何以異於是？不出於己之所得，而徒竊於人之所嘗言。曰：「某篇是某體、某篇則否，某句似某人、某句則否。」此雖極工逼肖，而已不免於鳥之爲人言矣。〔註154〕

徐渭強調的是「時時露己筆意」，不要學「鳥之爲人言」徒有其表，而無其實。他認爲在藝術學習的道路上，不要爲外界「形式」所囿，要抓住主要矛盾，直入本體，表達個人情性。繪畫有形似的問題，其他領域也有模仿的現象，藝術之間都存在通感，徐渭在多種藝術領域裏表現出的才能，與其藝術上高屋建瓴的認識不無關係。

也有人以徐渭的題畫詩「四十八年貧賤身」或「四十九年貧賤身」，作爲他已經學畫的依據。也就是說48歲或49歲已經能比較熟練地畫牡丹了。實際上「四十八年」或「四十九年」之說，都來自今存不可靠的繪畫作品，所以不能作爲推斷其學畫時間的依據。《徐文長三集》卷十一中的《牡丹》是：

> 五十八年貧賤身，何曾妄念洛陽春？不然豈少胭脂在，富貴花將墨寫神。〔註155〕

〔註152〕 〔明〕徐渭《徐文長三集》卷二十，《跋書卷尾二首》，《徐渭集》，第575頁。
〔註153〕 〔明〕徐渭《徐文長三集》卷二十《書季子微所藏摹本蘭亭》，《徐渭集》，第577頁。
〔註154〕 〔明〕徐渭《徐文長三集》卷十九《葉子肅詩序》，見《徐渭集》，第519、520頁。
〔註155〕 〔明〕徐渭《徐文長三集》卷十一《牡丹》，《徐渭集》，第396頁。

如故要以詩為據，我以為徐渭五十八歲時，已經能熟練地畫牡丹，是比較可信的。從徐渭與其他畫家交往的材料中可以看到，畫家拿自己的畫來請徐渭題詩，而不是向徐渭求教繪畫。再看徐渭對劉雪湖畫的激賞：

> 劉雪湖一日簡致此幅，餘見之，眉舞須動，秘夾枕中。商燕陽見之便掠去，攫石登車，攀船墮水，古人顛貪無賴，燕陽何為傚之？既又勒餘題敘數字，用為券書，快其永業，真渭虜也。然予與燕陽約，得此須用名錦裝潢，安精舍中，便作奇香好茗，多調妙曲，往來用味觸香發聲聞發清音之義，獲此報者庶幾小償。倘餘至，無此三物，即當大罵秦廷，持趙璧歸，不血濺王衣不止也。徐渭書於長安邸中。〔註156〕

商燕陽掠去劉雪湖畫又要徐渭題畫。再看徐渭在出獄之後的一次南京之行，有詩《劉雪湖梅花大幅》，寫劉雪湖畫梅時情態：

> 梅花自是花中魁，畫梅花者今數誰？雪湖劉子故不俗，未畫梅花先寫竹。花梅筱竹兩相干，直幹橫梢鐵不如。最好片雲遮一抹，尤宜大雪踏孤驢。我與劉君相見初，較量長短捋髭鬚。圈花少讓元章筆，發干元章不若吾。捉筆呼煤將發干，閉門自不令人看。須臾歇筆乃開門，一掃槎枒三丈絹。我客金陵畫梅，畫梅莫妙盛行之。劉君放逸不可羈，一劉一盛無雄雌。我今白日題梅畫，恍忽如夢羅浮夜。覺來香風攬衣帶，花下美人是何代。〔註157〕

從「我客金陵訪畫梅」看，此詩可能作於萬曆三年（1575），徐渭55歲。《畸譜》所云：「準釋。秋，往遊天目，寓杭，為何老作《春祠碑》。遂走南京，縱觀諸名勝。」〔註158〕在南京與畫梅名家盛行之和劉君劉雪湖（圖2-27）多有交往。為什麼要訪畫梅呢？大概是這一段時間，他對繪畫開始產生強烈的興趣，同時想提高畫藝，從「我與劉君相見初，較量長短捋髭鬚」看，已經不是「予不能畫」，而是評頭品足了，「圈花少讓元章筆，發干元章不若吾。」此「吾」應該是指向劉雪湖，他自己還是以詩題畫。

〔註156〕〔明〕徐渭《徐文長佚草》卷二《為商燕陽題劉雪湖畫》，《徐渭集》，第1099頁。

〔註157〕〔明〕徐渭《徐文長三集》卷五《劉雪湖梅花大幅》，《徐渭集》，第165頁。

〔註158〕〔明〕徐渭《畸譜》，見《徐渭集》補編，第1330頁。

圖 2-27　故宮博物院藏劉世儒《墨梅圖》

　　劉雪湖，名士儒（一作世儒），字繼相，號雪湖，浙江山陰人，工畫雪梅。著有《梅譜》。雪湖與渭同鄉，在異地遇知己，格外開心，可能在雪湖的引薦下又認識了盛行之〔註159〕，行之江寧人，以畫梅馳名。

〔註159〕〔明〕姜紹書《無聲詩史》載：「盛安，字行之，號雪蓬，居聚寶門外五聖巷。爲人耿介清約。以梅花馳名，筆力蒼老，形類草書。畫豪縱而以趣勝，陳憲章、王謙皆不及。菊竹及他卉，亦所兼長。」上海人民美術出版社 1982，第 105 頁。

　　《徐文長三集》卷五有《十六夜踏燈，與璩仲玉、王新甫飲於大中橋之西樓》〔註160〕，這首詩還說明徐渭在南京期間，與畫家璩仲玉也有交往〔註161〕，徐渭還曾應璩仲玉之請，為其撰《天馬山房記》：

> ……華亭璩仲玉氏，始居城郭中。隆慶壬申，喪其考，考以茲山屬藏，遂結廬奉母氏居之，亦遂讀書其中。至是來遊南都，一日，予於市門而交之，久之，甚相得。將別，為予陳天馬跡，如右所書者，使為記。以予觀於仲玉，神昂而睭多白，多藝而不為藝所攣，其傲而將有所逃也。自謂比高於墓於茲山者之三先生，其把筆與錐而忽一振也，自謂伯仲於二陸然。此豈足為仲玉多哉？夫仲玉之來也，得於天馬者不為不多矣。予顧曰：「此不足以多仲玉耶？」仲玉其必不以予言為然矣。予聞仲玉善白蓮本師，苟過之，試以予言質之，然不然見矣。〔註162〕

　　袁宏道寫的《徐文長傳》中，曾記其作賦的才華：「一日，飲其鄉大夫家。鄉大夫指筵上一小物求賦，陰令童僕續紙丈餘進，欲以苦之。文長援筆立成，竟滿其紙，氣韻遒逸，物無遁情，一座大驚。」〔註163〕徐渭也曾因作《白鹿表》而聲聞在外，璩仲玉請其作賦，一方面是要存以留念，我想更重要的還是想一睹徐渭詩賦的才情。

　　南京的行程顯示，徐渭在南京並沒有畫畫，他的才華還是表現在詩文上。他在南京期間作過《恭謁孝陵正韻》：「二百年來一老生，白頭落魄到西京。瘦驢狹路愁官長，破帽青衫謁孝陵。亭長一杯終馬上，橋山萬歲始龍迎。當時事業難身遇，憑杖中官說與聽。」〔註164〕有兩件署名徐渭的作品都書寫了《恭謁孝陵正韻》，其一為南京市博物館藏書法橫卷（圖 2-28）；其二是日本大阪市美術館藏畫軸（圖 2-29）。從書跡上看，這兩件作品的寫法還有幾分相似，但與上文列舉的真跡相比均屬於疑偽作品。

〔註160〕〔明〕徐渭《徐文長三集》卷五《十六夜踏燈，與璩仲玉、王新甫飲於大中橋之西樓》，《徐渭集》第 32 頁。

〔註161〕〔明〕徐沁《明畫錄》：「璩之璞，字仲玉，一字君瑕，上海人。所著詩文，評者謂如碧玉觚中摩尼。楷法妍雅，摹舊高古，在文氏伯仲間，畫山水煙雲滅沒，全以書法通之，故秀逸獨絕，花鳥墨竹並佳。」徐沁《明畫錄》，見於安瀾編《畫史叢書》第三冊，上海人民美術出版社 1982，第 51、52 頁。

〔註162〕〔明〕徐渭《徐文長逸稿》卷十九《天馬山房記》，《徐渭集》，第 996、997 頁。

〔註163〕〔明〕袁宏道《徐文長傳》，見《徐渭集》，第 1343 頁。

〔註164〕〔明〕徐渭《徐文長三集》卷七，見《徐渭集》，第 241 頁。

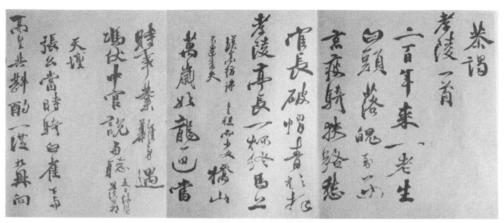

圖 2-28　南京市博物館藏《恭謁孝陵正韻》局部（疑偽）

圖 2-29　日本大阪市美術館
藏《恭謁孝陵圖軸》（疑偽）

《石渠寶笈》初編載明徐渭《畫竹卷》也有徐渭學畫的相關記載：

　　齋中一夜雨成河，午榻無緣遣睡魔。急搗元霜掃寒葉，濕淋淋
地墨龍施。右詠雨竹。客裏鹽備無一寸，家鄉筍把束成柴。盡取破
塘聊遣興，翻引長誕濕到鞋。右詠筍竹。款云：積齋文出卷索書，
予書其半而竹其半，緣日來初習乏紙，借人箋素打稿故也，一笑。
天池山人徐渭。又識云：余學竹於春，不逾月而至京，此抹掃乃京
邸筆也，攜來重觀，可發一笑。渭。〔註165〕

　　很多學者在討論這一問題時，引用了這條材料作爲證據，如蘇東天著《徐
渭書畫藝術》、王家誠著《徐渭傳》、駱玉明、賀聖遂著《徐文長評傳》、李德
仁著《徐渭》等。李普文還有專文討論《徐渭「學竹於春」考》〔註166〕。問
題在於《石渠寶笈》初編的材料是否可靠，此書成書於乾隆十年（1745），此
時離徐渭去世已經 152 年，從筆者本文所附《徐渭書畫接受簡表》來看，多
年沒有收藏家寶愛徐渭的書畫作品，在這樣的一種情形下，這件作品的眞僞
就有疑問。專家們考定「學竹於春」的時間來看，是萬曆五年或萬曆四年，
即徐渭56 或 57 歲時所作，從臺北《故宮書畫圖錄》〔註167〕可見這幅作品（圖
2-30），把它與前文所舉年代相近的書法風格相比較，則完全不能歸爲一類，
水平很差，畫竹風格也像後人所爲，如果這是一件贋品，其「學竹於春」的
說法也就不能成立了。

　　另有學者就《寫竹贈李長公歌（仰城）》討論寫竹時間的問題，原句是：

　　山人寫竹略形似，只取葉底瀟瀟意，譬如影裏看叢梢，那得分
明成個字？……欲答一言無可答，只寫寒梢卷贈君。〔註168〕

〔註165〕《石渠寶笈初編》卷三十四，涵芬樓影印，南京圖書館藏。
〔註166〕蘇東天《徐渭書畫藝術》，天津人民美術出版社，1991，第 23 頁。
　　　　王家誠.《徐渭傳》故宮文物月刊（臺北）1995/3，《徐渭傳》結集後由百花
　　　　文藝出版社 2008 年出版。
　　　　駱玉明、賀聖遂《徐文長評傳》，浙江古籍出版社 1987，第 249 頁。
　　　　李德仁《徐渭》吉林美術出版社 1997。
　　　　李普文《徐渭「學竹於春」考》見《美術與設計》（南京藝術學院學報）
　　　　2005/4。
〔註167〕臺北故宮博物院編《故宮書畫圖錄（十九）》，臺北故宮博物院 2001，第 297
　　　　頁。
〔註168〕〔明〕徐渭《徐文長三集》卷五，見《徐渭集》，第 134 頁。

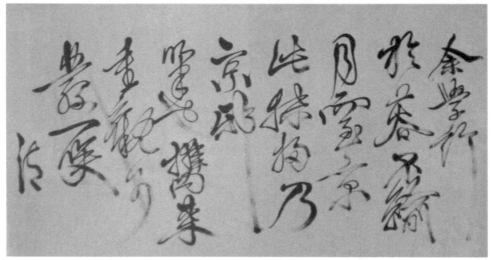

圖 2-30　臺北故宮博物院藏徐渭《畫竹卷》（局部）（疑偽）

　　徐渭《贈李長公序》說：「予從五年前識今參戎李長公於燕邸，……今其齒三十有二矣，而始得拜參將於馬水。余適客京邸，馳騎致尺書，予從容爲過之。」〔註169〕李如松《明史》卷二三八有傳〔註170〕，他生於 1550，此序

〔註169〕〔明〕徐渭《徐文長三集》卷十九，見《徐渭集》，第 562 頁。

〔註170〕《明史》卷二三八有傳：李成梁（1526～1615），朝鮮人，自高祖內附，遂家鐵嶺。因戰功累升，三年冬以平虜堡一戰，加太子太保，五年封寧遠伯，十年詔賜甲第京師，「成梁鎮遼二十二年，先後奏大捷者十，帝輒祭告郊廟，二百年來未有也。」萬曆四十三年，年九十卒。李如松（1550～1598），成梁長子，時二十七歲，「以父蔭，爲都指揮同知。」文淵閣《四庫全書》本。

作於萬曆九（1581）年，是 32 歲（紀年方法同徐渭）。五年前就是 1576 年，
徐渭 56 歲，與其入燕北時間相合，這個時間段已經能熟練寫竹還是可信的，
從時間上看正是萬曆三年（1575）遊歷南京之後的時間，我認爲南京之行與
其畫藝進步有關，但沒有一點迹象表明他在南京畫過畫，所以不可武斷定其
學畫於哪一年，當然學畫也有過漸進的過程，沒必要追尋過於具體的時間。
此時徐渭畫作也應該漸漸多起來，可惜很難見到可靠的繫年畫作。從徐渭《寫
竹贈李長公歌》的書法圖版（圖 2-31）來看，這件作品也存在問題，其書法
水平較差，疑爲贗品。

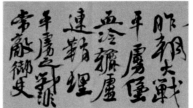

圖 2-31　臺北私人藏徐渭《寫竹贈李長公歌》部份（疑僞）

張汝霖《刻徐文長佚書序》中的徐渭題畫詩顯示其作畫時間更早：

　　狂中畫雪壓梅竹，而題云：「雲間老檜與天齊，騰六寒威一手提，
折竹折梅因底事？不留一葉與山溪！」其感慨激烈之意，悲於擊筑，
痛於吞炭，而人徒云慮禍故狂，知之政未盡也。〔註171〕

徐渭研究者，基本上是把《題雪壓梅竹圖》〔註172〕解讀爲胡宗憲死後，
寫《自爲墓誌銘》前，因爲「雲間」就是「松江」，而徐階是松江人，所以把
徐階比作秦「檜」。「梅林」則是胡宗憲的號，徐渭是在詩中借竹表情。〔註173〕
筆者認爲以南京之行作爲其學畫的大概時間，比較符合實情，如果這一作畫
時間能夠得到證實，那麼徐渭作畫的時段就要被提前許多，由於能夠找到的
材料有限，也不見作品，故很難指實。不是說徐渭早年不能有繪畫的經歷，
但早年更無畫名，個人風格也未形成，其作品自然很難流傳。從今天有紀年
的畫作來看，如果發現紀年早於南京之行的，基本可以劃入疑僞的範圍。如

〔註171〕〔明〕張汝霖《刻徐文長佚書序》《徐渭集》，第 1348 頁。
〔註172〕〔明〕徐渭《徐文長逸稿》卷八，《徐渭集》，第 856 頁。
〔註173〕徐朔方《晚明曲家年譜》第 2 卷，浙江古籍出版社 1993，第 125 頁。徐先生
　　　　還說：徐階爲首輔，雖無大作爲，其革除嘉靖末年弊政，未可輕忽。宗憲被
　　　　誣，在嚴嵩罷黜後可謂事勢之所必至，非出於人之傾軋也。

雲南博物館藏《雜花卷》署：「柳郎強我以畫，勉應之，卻非故步也，所恕者不俗耳。嘉靖壬寅，金壘。」這件作品在《中國古代書畫鑒定實錄》（附表二）中，不但被認爲是眞跡，而且被確認爲其中的精品（眞跡 100 件，其中精品 14 件），但這是件存疑的精品，編者按是這樣寫的：

> 此畫很成熟，是否爲徐渭二十二歲所作，還是年款寫錯？畫中
> 有「老人一掃秋園卉，六片尖尖雪色流。用盡邢州砂萬斛，未便琢
> 出此搔頭」之句，由此可見不是年輕時候所作。〔註174〕

李普文對此件作品提出懷疑，並撰《雲南省博物館藏徐渭〈雜畫卷〉眞僞考辨》，他是從受畫人與作畫時間上考辨的：

> 雲南省博物館藏《雜畫卷》（圖 2-32），款署金壘，跋語與上海
> 博物館藏《雜畫卷》（圖 2-33）的相同。然該卷跋語謂作於徐渭 22
> 歲時，而上海博物館的作於 60 歲。考跋語內容，結合徐渭生平事蹟
> 與交遊情況，並徐渭繪畫歷程，雲南省博物館藏《雜畫卷》應屬僞
> 作。〔註175〕

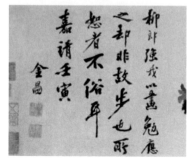
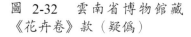
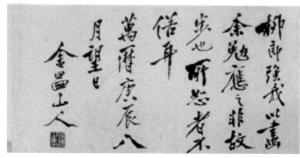

圖 2-32　雲南省博物館藏《花卉卷》款（疑僞）　　圖 2-33　上博博物館藏《花卉卷》款（疑僞）

此外李普文還進一步把上博與雲博兩件作品的題款加以比較：

> 發現二者在書風上頗接近，在署名上也一致。但仔細辨識，可
> 以見出，雲南的書法在筆力上要單薄些，稍嫌柔弱，在運筆上雲南
> 的也不如上海的變化豐富、活潑自如。

筆者同意他疑僞的結論，但認識上有別。筆者在 2004 年就提出這兩件作品都是近似沈周書法風格，與徐渭的風格相差遠甚。正因爲徐渭書法風格存

〔註174〕勞繼雄《中國古代書畫鑒定實錄》，上海：東方出版社 2011，第 3969 頁。
〔註175〕李普文《雲南省博物館藏徐渭〈雜畫卷〉眞僞考辨》見《美術研究》2009/01。

在「影蔽」問題，才使得這些與徐渭風格「風馬牛不相及」的作品也被當做徐渭的精品看待。

徐渭書法，筆者尋得的早期作品到其晚年作品，都印證了萬曆《紹興府志》中所說「素工書」的說法。即便是早期作品，也表現出不同凡俗的氣質，既能體現其「於古法書」多得要領的一面，又有其自身的「本色」，隆慶二年的大字《春雨卷》更向我們展示了徐渭眞實的行草書風格。當然更多的行楷、小行草等，也都爲我們打開了瞭解徐渭書法風格的窗口，故與徐渭書法不相關的作品可信度都很低。

徐渭在世時繪畫名聲不及書法，故畫作流傳不及書作，以書入畫，且以潑墨爲主，體現遊戲心態，袁宏道所稱「旁溢爲花草竹石，皆超逸有致」，應該說是相當精準的概括。書中有畫，畫中有書，《墨葡萄》軸與《雜花圖》卷可謂其繪畫藝術的代表作。徐渭學習繪畫時間較晚，此時的徐渭對於書法研究已經具有相當的理解，那些題款書法達不到應有水準的署名作品，研究者都應審愼對待。爲了更清楚地瞭解徐渭去世以後，其書畫接受的歷變過程，讓我們回到歷史的長河中去作一次長途旅行。

第三章　徐渭離世後書畫接受過程考察

　　徐渭生前因代寫《白鹿表》而名聲在外，俞憲稱其「聲聞臺省，聲聞督撫，聲聞館閣」，徐渭是極其要強的人，既然可以靠自身的努力能夠流芳，他就不會退卻，哪怕在「親交悲訣詞，匠氏已斤木。九死輒九生，絲斷復絲續」的境況下還「就榻理舊編」〔註1〕，將自己的文稿子託付給友人。雁過要留聲，人過欲留名。他「希一二語傳後」〔註2〕，故多次請友人幫助出版，當然在其生前也確實如願以償了，即使是印刷質量較差的文集出版，也能讓其在精神上獲得滿足。〔註3〕徐渭被發現，正是通過這煙煤敗黑的惡楮毛書，而讓袁宏道「始知海內有文長先生」的。袁宏道以往讀過天池生的戲曲，看過田水月的字，但卻不知其為何許人也。我們今天的書畫界，幾乎是無人不知徐渭的書畫名聲，徐渭為什麼會這樣有名呢？為考察徐渭去世後的書畫接受情況，筆者編寫了《徐渭書畫接受簡表》（見附表一），此表最主要的資料索引來源是《中國書畫全書》及相關版本，另外參見文淵閣《四庫全書》、黃賓虹、鄧實《美術叢書》、容庚《叢帖目》、《中國古代書畫圖目》等資料，表中選取與徐渭有關的材料，包含徐渭書畫作品、題跋，他人評語、師承、影響等，這些材料並不能涵蓋相關的所有文獻，但就目前的材料來看，還是能從宏觀上看出徐渭書法與繪畫的流傳與接受情況的。下面就以《徐渭書畫接受簡表》為主要線索，對徐渭去世以後書畫接受情況作簡要的分析與解讀。

〔註1〕〔明〕徐渭《徐文長三集》卷四，《徐渭集》，第74頁。
〔註2〕〔明〕徐渭《徐文長佚草》卷四，《徐渭集》，第1118頁。原文是：更有一言不識進退，僕有胡說六七百葉，今擬刻其半，得參十五斤可矣。待盡之人，妄希一二語傳後，此故人千百之惠也。以公不棄鬼物，故聊及之，不敢必也。
〔註3〕付瓊《徐渭自刻文集活動考述——兼及〈徐文長初集〉的刊年問題》，見《紹興文理學院學報》2003/05。

第一節　徐渭離世 50 年裏漸被畫史接受

　　徐渭離世後的前 50 年裏，被接受的範圍非常有限，只是在特定的時候被喚起記憶，但接受情況在悄悄發生變化。

一、袁宏道激賞徐渭書法，但畫名暗淡

　　我們從萬曆《紹興府志》可知，張元忭是在徐渭生前就推舉他書法的重要人物，徐渭身後的第一知己與伯樂則爲袁宏道，袁宏道在徐渭去世後，於萬曆二十五（1597）年，在山陰發現了徐渭文集，他在極力鼓吹徐渭詩文成就的同時，也開始關注徐渭的書畫，萬曆二十八年《徐文長三集》出版，他寫了《徐文長傳》，第一次以文本的形式正式向社會宣佈，徐渭的書法乃「八法之散聖，字林之俠客」，並且還與當時名聲鼎盛的文徵明、王寵作比較，認爲遠遠超過他們，這在當時已經離世，本無聲望的徐渭來說，簡直是一位大書法家如橫空出世一般，袁宏道這樣評說：

> 強心鐵骨，與夫一種磊塊不平之氣，字畫之中宛宛可見。
> 　　文長喜作書，筆意奔放如其詩，蒼勁中姿媚躍出。予不能書，而謬謂文長書決當在王雅宜、文徵仲之上，不論書法而論書神，先生者誠八法之散聖，字林之俠客也。間以其餘旁溢爲花草竹石，皆超逸有致。〔註4〕

　　這一評論奠定了後世評價徐渭書法的基礎，也成爲徵引徐渭資料的來源，更是鑒定徐渭書法的重要理論依據。袁宏道文中還引用了梅客生（1542～1605）的一段話：「文長吾老友，病奇於人，人奇於詩，詩奇於字，字奇於文，文奇於畫。」〔註5〕在袁宏道的鼓動下，陶望齡也寫了《徐文長傳》附於《徐文長三集》一起刊行，陶望齡《徐文長傳》說：

> 渭於行草書尤精奇偉傑，嘗言：吾書第一，詩二，文三，畫四。識者許之。其論書主於運筆，大概昉諸米氏云。〔註6〕

〔註4〕〔明〕袁宏道《徐文長傳》，《徐渭集》附錄，第 1342、1343 頁。

〔註5〕〔明〕袁宏道《徐文長傳》，《徐渭集》附錄，第 1344 頁。梅國禎，字克生，號衡湘，湖北麻城人。少雄傑自喜，善騎射。萬曆十一年進士，任固安知縣，遷任御史。萬曆二十年。寧夏降將哱拜父子反叛；他被任爲監軍御史，隨明將魏學曾前往討伐。官兵一再失利。他薦舉李如松爲提督，率領遼東、宣府、大同及山西各路援兵前往。

〔註6〕〔明〕陶望齡《徐文長傳》，《徐渭集》附錄，第 1341 頁。

「其論書主於運筆，大概昉諸米氏云」，顯然出自《紹興府志》，而「識者許之」，說明陶望齡是贊同這一觀點的，另方面也說明徐渭書法在小範圍裏還是有點名氣的。從筆者統計的《徐渭書畫接受簡表》中可以發現，在徐渭去世以後，除了袁宏道與陶望齡的傳記中宣揚徐渭，很長一段時間內沒有人再提起徐渭的書法與繪畫，對於書畫傳播的力度，明顯不如其詩文，如果從書與畫的比較來看，不管是袁宏道還是陶望齡，甚至再加上梅客生、張元忭、陳汝元等，欣賞徐渭的書法都要勝過欣賞徐渭的畫，具體比較如下：

年代	作者　　出處	論畫內容
1587	張元忭、孫鑛〔註7〕萬曆《紹興府志》	書法評價見前。（無畫論）
1591	陳汝元《刻字學〈玄抄類摘〉敘》〔註8〕	書法特妙，故世所推臻達玄聖者。（無畫論）
1600	袁宏道《徐文長傳》	梅客生：文長吾老友，病奇於人，人奇於詩，詩奇於字，字奇於文，文奇於畫。
1600	陶望齡《徐文長傳》	陶望齡引用徐渭自言：吾書第一，詩二，文三，畫四。
1600	袁宏道《徐文長傳》	袁宏道：……間以其餘，旁溢爲花草竹石，皆超逸有致。
1606	沈德符《萬曆野獲編》	其所作畫，尤脫畦徑，題署則託名田水月等號是也，今已有人購之。
1613	孫鑛《書畫跋跋》	錄入徐渭論書內容。（無畫論）
1614	鍾人傑刻本《徐文長集序》	黃汝亨：其詩文與書畫法，傳之而行者也。畫予不盡見。

沈德符《萬曆野獲編》有萬曆三十四（1606）年序，或在其前後，其關於徐渭繪畫的言論，是自袁宏道寫《徐文長傳》以後的再次被品評。「尤脫畦徑」與袁氏「超逸有致」相呼應。不僅如此，還有人購藏，這不能說與袁宏道等人的宣傳無關，不然即使有人購之，沈德符也不見得要把此事記載下來。看來沈德符很可能是目睹了這次交易的經過，購者也可能是普通的藏家，或是繪畫愛好者，故未記其名姓與價格。從口氣來看，此前是從沒有聽說過徐

〔註7〕〔明〕孫鑛，字文融，號月峰，餘姚人。明學者。明萬曆甲戌（1574 年）會試第一，累官至兵部尚書。　崔爾平選編《歷代書法論文選續編》上海書畫出版社 1993，第 237 頁。

〔註8〕〔明〕徐渭纂輯《玄抄類摘》，陳汝元纂集《書學大成》，如皋圖書館藏明刻本。

渭書畫有市場，所以有點大驚小怪。不管如何，沈德符應該算是徐渭去世以後對其書畫著錄的第一人，或者說是徐渭書畫交易的第一見證人。

在袁宏道與陶望齡各自撰《徐文長傳》之後，孫鑛撰《書畫跋跋》，沒有論徐渭的畫，其實也沒有論徐渭的書法。估計他是通過與張元忭一起編纂《紹興府志》而瞭解徐渭的，因為當時以書法入編《人物傳》的人數很少，而徐渭是最年輕，且活著的人，不能不引起他的注意。《書畫跋跋》三次採用徐渭的論書語，說明徐渭在他心目中的地位，儼然一前輩名家，他對徐渭在書法上的觀點也是比較認同的。《書畫跋跋》成書這一年徐渭已經去世 13 年，離編輯《紹興府志》已 19 年。孫鑛在編府志時 44 歲，今年已經 63 歲，以明朝大臣、學者的身份，如此抬舉徐渭，應該說本可以使徐渭的書畫名聲再早一點有所起色，可惜此書起初只有抄本流傳，談不上什麼推廣。

1641 年黃汝亨《徐文長集序》說：「畫予不盡見」、「書似米顛，而棱棱散散過之，要皆如其人而止，此予所為異也。……而其詩文與書法，與胡公之勳伐，至今照鑠下，與其人俱往。」〔註9〕這裡語言不多卻反應了當時書畫流傳的情況，書法可以看到，而畫「不盡見」，就是幾乎見不到，不然他會有評論的。由此也可見徐渭書畫的接受人群非常有限，且繪畫的影響更是微不足道。

二、極力稱賞徐渭繪畫的第一人是周順昌

天啟壬戌（1622）周順昌在《周忠介公墨竹圖》上的題跋，記錄了一件與徐渭相關的事情：

> 天啟壬戌重陽前二日，客有攜天池《百卉長卷》見示於中，獨此君筆法遒勁，深得與可三昧，因發興撫此，竟不自知其醜也，蓼洲散人周順昌並識。向只知公善書，不知又善畫且佳，洵可寶也。
>
> 〔註10〕

周順昌（1584～1626）是明朝官吏，東林黨人。字景文，號蓼洲，南直隸蘇州吳縣（今江蘇蘇州）人，萬曆四十一年進士。天啟壬戌（1622）重陽

〔註 9〕 〔明〕黃汝亨《徐文長集序》，《徐渭集》附錄，第 1354 頁。
〔註10〕 〔清〕張庚（1685～1760）《圖畫精意識》，黃賓虹，鄧實編《美術叢書》江蘇古籍出版社 1997，第 1413 頁。張庚原名燾，字溥三，號浦山，別號公之幹。秀水（今浙江嘉興）人。

前，因爲有客攜天池《百卉長卷》見示才「發興」創作，雖然沒有直接說自己學習徐渭的畫，但也可以看做是間接師法，其「獨此君筆法遒勁，深得與可三昧」的評價，可以說是佩服之極。根據現有材料看，在徐渭去世以後，明周順昌就是見諸記載的稱賞徐渭繪畫的第一人（此前的袁宏道只是在論及其書法時順便提及繪畫一事）。但是此作流傳不廣，等張庚把這作品寫進書裏，已經是多年以後的事情了，此爲徐渭繪畫再次見諸文獻記載。

這期間還有借徐渭之名僞刻的《徐文長先生秘集》，《四庫全書總目提要》認爲是書收錄徐渭去世以後作者的詩文而疑僞。當然董其昌也不可能爲是書作序，董其昌的文集中從沒有提到過徐渭，1622 年他被擢任太常寺卿兼侍讀學士應招赴京，又奉旨纂修《泰昌實錄》並往南京搜集《邸報》文獻〔註11〕。此前於 1604 年冒用已經離世的徐渭之名刻《筆玄要旨》也與此相類（見附錄：徐渭《玄抄類摘》與《筆玄要旨》考論）。用董其昌這樣名人爲「徐渭」的書作序，一定是想吸引更多的讀者，由此也可見徐渭的名氣在提升。

畫是難得一見，書跡應該能看到，如袁宏道《徐文長傳》中說當年見「田水月」款單幅一樣，越人定有其收藏。張岱 1623 年校輯《徐文長逸稿》，以及徐沁輯《徐文長佚草》時，應該得見不少文稿。紹興也當保留了不少榜聯，徐渭曾書寫過《三江湯公祠聯》，這些材料顯示，在當時都應該有實物，如《龍山隍祠聯》、《隍祠下殿聯》、《雲下書樓聯》，在《自家莊》下有注記：「燕京義冢。扁曰：東嶽義莊。」還有《沈青霞先生祠聯》等 20 幅，更有《開元寺大殿長聯》共 140 字，在《徐文長逸稿》中收有 90 多條聯語。〔註12〕僅僅相隔 30 年的光陰，至少有不少是可以看到的原件的，不然很難收集這麼多。張岱 1597 年生，成書時才 27 歲，如果說聯句是徐渭的，書寫者也不一定就是徐渭的，但徐渭也不至於僅寫過《三江湯公祠聯》一幅吧？王思任（1575～1646）在逸稿序中說：

> 是集也，經余釐閱者十三。予有搏虎之思，止錄其神光威沈，欲嚴文長以愛文長，而宗子有存羊之意，不遺其皮毛齒角，欲仍文長以還文長。謀不同而道自合。〔註13〕

〔註11〕 參見黃惇主編《中國書法全集（54）董其昌》附《董其昌年表》，榮寶齋出版社 1992，第 296 頁。

〔註12〕 〔明〕徐渭《徐文長逸稿》卷二十四《榜聯》，見《徐渭集》，第 1058～1062 頁。

〔註13〕 〔明〕王思任《徐文長先生佚稿序》，《徐渭集》，第 1350 頁。

　　王思任嚴擇，而張岱則寬進，張岱後來也反省說：「向年搜青藤佚稿，年祖曾語某，『選青藤文，如拾孔雀翎；只當拾其金翠，棄其羽毛。』某以年少，務在求多，不能領略。今見佚稿所收，頗多率筆，意甚悔之。」〔註14〕張岱這種「不遺皮毛齒角」的欽慕之情，比之袁宏道似有過之而無不及，以至編輯上出現粗疏，如誤入唐詩，又有和《徐文長三集》重複的詩歌。儘管如此，還是功不可沒的，他收進去不少與張家父子唱和往還的詩文書札，這些文稿也應當有不少徐渭手跡。而把榜聯、燈謎、酒牌引等編入，則屬於創舉。張岱說：「昔人未有以柱對傳而刻之文集者，刻之自余刻文長之《逸稿》始。」〔註15〕也正因為《徐文長逸稿》入編內容龐雜的緣故，導致了「正統派」們的不滿：「如末卷所載優人謔吃酸梨揭、放鶴圖揭、對聯、燈謎諸作，鄙俚猥雜，豈可入之集中？」〔註16〕張岱如此癡狂於徐渭，卻罕見其談徐渭的書法，更沒有提及徐渭的繪畫，這也說明徐渭書法與繪畫在張岱心中的地位遠遜其詩文。

三、徐渭被寫進書畫史，書法被刻入碑帖

　　隨著時間的推進，徐渭被朱謀垔寫進了《書史會要續編》與《畫史會要》，此書約成於1631年，這是徐渭第一次以書畫家的身份被寫進專業的書法史和繪畫史，但其文字並非出於自傳，在袁宏道等人的宣傳下徐渭書畫仍然沒能引起更多的關注者，徐渭由文學史邁入了書畫史，其名聲或許因此出現拐點，我們從朱謀垔寫的徐渭小傳中，不難發現，正因為袁宏道與陶望齡《徐文長傳》的褒揚，才讓他得以被輯入書畫史，只是發生影響的時間來得晚了一些，此時徐渭已離世38年。

　　前文已有交代，徐渭《唐父母得獎奉賀七律》詩稿被刻入《舊雨軒藏帖》，此帖有崇禎十三（1640）年序，這是徐渭身後可見記載最早刻入碑帖的書跡。上海沛國朱長統刊刻〔註17〕，婁東張溥（1602～1641）〔註18〕有《舊雨軒帖題詞》，還有陳繼儒八十二歲題，及董其昌題。從張溥題詞中可知，此帖多收

〔註14〕　〔明〕張岱《王謔菴年祖》，《琅嬛文集》嶽麓書社出版社1985，第139頁。
〔註15〕　〔明〕張岱《柱銘鈔自序》，《琅嬛文集》嶽麓書社出版社1985，第60頁。
〔註16〕　《四庫全書總目提要》卷一七八，文淵閣《四庫全書》本。
〔註17〕　〔明〕朱長統刊《舊雨軒藏帖》，見容庚《叢帖目》第三冊，第981、982頁。
〔註18〕　〔明〕張溥，初字乾度，後字天如，號西銘。江蘇太倉人。崇禎進士，選庶吉士，自幼發奮讀書，明史上記有他「七錄七焚」的佳話。

明末人與朱氏投贈之作〔註 19〕，朱長統祖輩當與徐渭有交往，從「朱生也」的口氣看是晚輩的。從接受的角度看，朱氏是徐渭的學生輩，原先並不是索要徐渭的書法，而是求詩的。現在文孫刻帖，目的已經變爲留傳墨寶了，由私藏變爲刻帖。此刻貼中董其昌有兩處題跋：

> 歐陽公《金石錄》每有不以書家見收者，此本前後皆書家之勝，
> 殊可寶藏。其昌。

> 此刻具諸名流翰墨，可稱朱氏遊籍，又可想見前輩留心雅道，
> 雖斷章殘壁，皆足傳遠，非烏衣巷一家書耳。董其昌題。〔註20〕

這兩段文字，可以說是目前僅見的董其昌、陳繼儒等與徐渭稍有交集的名家題跋資料。董其昌卒於明毅宗崇禎九年（1636），此乃跋於其去世前不久，能得到當時位重名高的董其昌題跋，也當是朱家人期待已久的吧！儘管是合刻之帖，徐渭也算是被添列在「書家之勝」中了。誠如張溥題跋所言：「夫人大雅之吟，燦然簡策，至尺一問答。數行報謝，咸寶同家訓。」但這是喜好翰墨者的個人行爲，並非所有人都能如此寶愛翰札，不然徐渭今日之書翰詩稿當更多一些。

這一刻帖保存徐渭的書跡算是特例，前文提及茅一相萬曆十年刻《寶翰齋國朝書法》中的徐渭墨蹟，只是作爲名家題跋，而不是刻徐渭的書法。但此刻帖行世以後，流傳不廣，今日已經難得一見，故對徐渭書法的宣傳也未能起到傳揚作用。明代刻帖也多以匯刻歷代名人法帖爲主，前有《東書堂帖》、《寶賢堂帖》，後來的《停雲館帖》、《眞賞齋帖》、《餘清齋帖》、《來禽館帖》、《戲鴻堂帖》、《墨池堂選帖》、《鬱岡齋墨妙》、《玉煙堂帖》。還有翻刻《淳化閣帖》的肅本，以及翻刻《絳帖》、《大觀帖》、《星鳳樓帖》、《秘閣續帖》等。專集明人墨蹟的法帖也有，如《晴山堂帖》、《寶翰齋國朝書法》、《澄觀堂帖》等，《舊雨軒藏帖》刻名人墨蹟所列 88 目，蓋百餘件，徐渭的名字似乎就被淹沒在這些名家之中，故不顯揚。

徐渭去世之後 50 年裏，應該說他在書畫方面得到的誇讚並不算多，書名傳播也不是很廣，且畫名不及書名響亮，但比起徐渭生前的書畫名聲來已經有了進步。

〔註19〕中國法帖全集編輯委員會編《中國法帖全集（第十七冊）總目錄》，湖北美術
　　　　出版社 2002，第 212 頁。
〔註20〕容庚《叢帖目》第三冊，中華書局香港分局 1982，第 982 頁。

第二節　徐渭離世 50〜100 年成爲書畫並絕之名家

　　在徐渭去世之後的前 50 年裏，徐渭的書畫名聲比起徐渭生前有了一些進步。隨著時間的不斷推進，徐渭的名聲又在漸進，接近百年的時候，有了出乎預料的變化。

一、徐渭書法被著錄，畫名「後來居上」

　　剛好是徐渭去世後第 50 年，明崇禎十六年（1643）汪砢玉《珊瑚網》著錄了徐渭書法兩件：即《徐文長評字手跡》和《又跋停雲館帖一段》〔註21〕，我們從其文字內容以及江陰繆荃孫（1844〜1919）的乙卯序言看，當是從《徐文長逸稿》中輯入，甚至原稿後「傳有石文」四個字也照錄不誤。徐渭書法第一次被寫入著錄書。社會上似乎都有共識，被著錄似乎就意味著被社會認可，如同今日拍賣會作品，即便是贋品，只要被《石渠寶笈》等官方著錄過，身價也可以抬高許多。

　　鄧實《談藝錄》裏收錄了明張國泰《與友書》中的一段與徐渭繪畫有關的文字：

> 昨得青藤《雪裏荷花》畫一幅，初覽之，以爲謬甚，及讀其題詞曰「六月初三大雪飛，碧翁卻爲竇娥奇。近來天道亦私曲，莫怪筆底有差池」之句，始信其非謬也。一經慧心人拈出，便覺有奇思妙義，開拓人無限心胸。至其花葉生動，用意入神，不數黃筌、徐熙之點染矣，其非後來者居上乎？〔註22〕

　　可惜不知道記錄的具體時間，張國泰生卒也不詳，所以暫放到明代的末尾。他以「黃、徐」觀照徐渭，評價很高，「奇思」、「生動」賽過黃、徐。這算是第一次有人以繪畫史上的名家來與其比較，還有「後來者居上」的感歎，可見其受喜愛的程度，體現了徐渭繪畫本體所具有的魅力。

　　再往後有張岱《跋徐青藤小品畫》：

> 唐太宗曰：「人言魏徵倔強，朕視之更覺嫵媚耳。」倔強之與嫵媚，天壤不同，太宗合而言之，余蓄疑頗久。今見青藤諸畫，離奇超脫，蒼勁中姿媚躍出，與其書法奇崛略同。太宗之言，爲不妄矣！

〔註21〕〔明〕汪砢玉《珊瑚網》，《中國書畫全書》第五冊，第 981 頁。
〔註22〕鄧實《談藝錄》，《美術叢書》三集第十輯。江蘇古籍出版社 1997，第 1966 頁。

故昔人謂：「摩詰之詩，詩中有畫；摩詰之畫，畫中有詩。」余亦謂：
「青藤之書，書中有畫；青藤之畫，畫中有書。」〔註23〕

　　因《瑯嬛文集》有 1654 自序，所以說最遲也是成書以前的題跋，以張岱收集徐渭遺文《徐文長逸稿》的經歷來看，他以前看過徐渭的書法不會太少，或許是認為祖輩張元忭和前輩袁宏道等，都評價得恰如其分而沒有必要再作評論，但今天看到徐渭的小品畫，讓他感到非常驚奇，或因張岱很多年裏也未見徐渭的畫，所以才發出這樣的感慨，「離奇超脫，蒼勁中姿媚躍出，與其書法奇崛略同。」這句是點明徐渭畫面風格特點的，「奇崛」是他對徐渭書風的認識，更有「青藤之書，書中有畫；青藤之畫，畫中有書」的裁定。實際上張岱算是繼張元忭和袁、陶之後，較早正面表彰徐渭書法，同時又推舉徐渭繪畫的人。張岱所見之畫筆者未能查到。如果以南京博物院藏《雜花圖卷》與故宮博物院藏《墨葡萄》軸來衡量，張岱所見之畫應該與其有相似之處。

　　周亮工（1612～1672）《題徐青藤花卉手卷後》云：

青藤自言：「書第一，畫次；文第一，詩次。」此欺人語耳，吾以為《四聲猿》與草草花卉，俱無第二。予所見青藤花卉卷，皆何樓中物，惟此卷命想著筆皆不從人間得。湯臨川見《四聲猿》欲生拔此老之舌，櫟下生見此卷欲生斷此老之腕矣！吾輩具有舌、腕，妄談終日，十指如懸槌，寧不愧死哉？余過山陰，既不得見公，訪所謂青藤書屋者，初歸吾友老蓮，今蕩為荒煙蔓草矣！即其子戲呼為蔗渣角尖者亦沒沒無聞。青藤之名空與千岩萬壑競秀爭流而已，撫此浩歎者久矣。〔註24〕

　　周亮工是否讀過張岱《瑯嬛文集》我們無法判斷，但有資料顯示他們是有交往的，胡益民著《張岱交遊考論》說：

他與張岱交往在明亡之前。明亡前兩人交往甚密，惟因周氏晚年盡焚其早年詩文稿，今存《賴古堂集》、《因樹屋書影》、《讀畫錄》等，均無一語涉及張岱，殆因張氏為拒不仕清之大名人，周氏恐禍及己耳。而張岱一向講究節操，於降清且貪酷之周亮工，入清後肯定無交往了。〔註25〕

〔註23〕〔明〕張岱《跋徐青藤小品畫》，《瑯嬛文集》卷之五。上海雜誌公司 1935，第 146、147 頁。

〔註24〕〔清〕周亮工《題徐青藤花卉手卷後》《中國書畫全書》第七冊，第 941 頁。

〔註25〕胡益民《張岱交遊考論》，《文史論薈》，安徽大學出版社 2008，第 209 頁。

有無交往也不重要,重要的是他們的觀點很接近,周亮工「草草花卉俱無第二」的觀點是讀畫得來,如果這一評論是出於張岱之後,算是我們又一次見到對徐渭繪畫的正面評價。他還說「予所見青藤卉卷,皆何樓中物,惟此卷命想著筆皆不從人間得。」或許此卷與張岱所見風格相類,但沒有描述風格特點的詞語。不知他們是否一起討論過對徐青藤的認識,或許有過:第一,他們都喜歡書畫;第二,張岱收集《徐文長逸稿》他肯定讀過;第三,他們評價徐渭的語氣相近;第四,他們還有很多共同交往過的友朋如陳洪綬、倪元璐等人。〔註26〕

董博芳碩士論文《周亮工的藝術交往與收藏》〔註27〕中沒有提及這一題跋,孟晗《周亮工年譜》顯示:順治十一年甲午,過山陰,祁豸佳以送行偕同北上〔註28〕。「余過山陰,既不得見公」或許就是指陳洪綬(1598~1652)〔註29〕已經離世,如果是這樣,這件題跋要繫於 1654 年以後。這件繪畫作品以及題跋,筆者也沒有看到原作。上海博物館藏《行書唐宋人詩卷》後也有周亮工題跋:

> 青藤山人自言書第一,次畫、次詩、次文,實則以經濟武略自命,筆墨寓意耳,中年居胡少保幕中僅以《白鹿》二表傳,他無所見,不得已走窮邊,探奇塞外,一無所遇。遄而狂憤,抑鬱以沒,世競憐之。山人沒四十年,而周望、中郎兩先生始從囊餘鼠齧之餘搜其遺文傳之當世,世莫不有知山人者矣。予常憾山人生不辰時,王李當日樹幟招,當時文字客士旨能操觚者無不奔馳太原歷下,今觀七子集中無一字及青藤,而青藤集中亦無七子。此老倔強,視茂秦依七子以成名,卒以眇君子。見擯者為何如品益高,筆墨流傳益貴,此卷書凡數變,而狂憤抑鬱之氣,時沸沸露筆墨外,宜其為仁淵先生所藏弆也。山人有二孚,以麂皮角尖名之當時,以山人為讕,不知山人實悲,雖有子而實無也。今「青藤書屋」初屬章侯,今不知屬何姓?山人藏書,二子皆不能保,

---

〔註26〕胡益民《張岱交遊考論》,見《文史論薈》,安徽大學出版社 2008,第 209 頁。亦見於張則桐《張岱探稿》,南京:鳳凰出版社 2009。

〔註27〕董博芳《周亮工的藝術交往與收藏》,2010 年上海師範大學碩士論文。

〔註28〕孟晗《周亮工年譜》。2007 年廣西師範大學碩士論文。

〔註29〕〔明〕陳老蓮,名洪綬,字章侯,自號老蓮,晚年又號悔遲、勿遲、老遲等,浙江諸暨人。

舉山人著述詢之，漫不能答，則山人命名之意豈讕哉？己酉冬櫟
下周亮工敬觀。〔註30〕

　　己酉爲 1669 年，仁淵先生俟考。因上段題跋說「今蕩爲荒煙蔓草矣」，
說明徐渭舊居已經荒廢，無跡可尋了。而本段說「今不知屬何姓」來看，似
乎還有屋主，如果不是虛擬的語氣，得觀此卷的時間應該早於上卷，因此卷
徐渭書法風格也與筆者考訂的眞跡作風格大爲不同，所以對於這件《行書唐
宋人詩卷》我也持懷疑態度。從周亮工題跋時間看，這件作品 1669 年以前已
經出現，由此可見徐渭名聲的顯揚時間，以及作僞徐渭書畫的相對時間。

　　比較書法而言，徐渭繪畫受到的關注要更多一些，且受到的評價也越來
越高，故我們也可以借用張國泰《與友書》中的「後來居上」來概括徐渭繪
畫所受到的禮遇。

二、青藤畫名鵲起，花卉「超然畦徑」

　　徐沁《明畫錄》在繪畫史上具有重要地位，其著錄畫家資料也經常被後
人徵引。本書所記雖有掛漏的可能，然三易其稿，可見用意之勤。謝巍考其
撰作時間，大概始於順治九年（1652）至十年，成書於康熙十一至十二年（1673）
〔註31〕。《明畫錄》中見到徐渭的名字，這是徐渭第二次被列入畫史，與以往
相比，對其評價也有所升級。《明畫錄》的《花鳥》敍曰：

　　　　寫生有兩派，大都右徐熙、易元吉，而小左黃荃、趙昌，正以
　　人巧不敵天眞耳。有明惟沈啓南、陳復甫、孫雪居輩，涉筆點染追
　　蹤徐、易。唐伯虎、陸叔平、周少谷以及張子羽、孫漫士，最得意
　　者差與黃、趙亂眞。他若范啓東、林以善極道逸處頗有足觀。呂廷
　　振一派，終不脫院體。豈得與大涵牡丹、青藤花卉，超然畦徑者，
　　同日語乎！〔註32〕

　　朱謀垔崇禎四年（1631）寫《畫史會要》，到徐沁《明畫錄》成書，已經
過了三、四十年，在此期間罕見有徐渭繪畫作品流傳的記載，突然間徐渭卻

〔註30〕《乾坤清氣——故宮上博青藤白陽書畫特集》第 27 圖《行書唐宋人詩卷》，
　　　　澳門藝術博物館出版 2006。「山人沒四十年」一句，明顯爲誤記。
〔註31〕謝巍《中國畫學著作考錄》，上海書畫出版社 1998，第 452 頁。
〔註32〕〔明〕徐沁《明畫錄》，《中國書畫全書》第十冊，第 26 頁。大涵，清僧人。
　　　　俗姓潘氏，字雁黃，號吃雪子，江蘇吳江人。九歲爲沙彌，既長，入靈巖，
　　　　事月涵爲弟子。能畫老松怪石。

以知名畫家的身份出現在專業畫家隊伍裏，應該說其地位被抬高很多，不僅如此，還有「青藤花卉，超然畦徑」的評價。

　　如果我們回顧前文中出現過的，近30年裏爲數不多的評論，如周順昌之「獨此君筆法遒勁，深得與可三昧」，張岱之「書中有畫」、「畫中有書」、「離奇超脫，蒼勁中姿媚躍出」，張國泰之「花葉生動，用意入神」。我們覺得其間躍動的，確乎是這麼一種不同以往的、更爲嶄新的繪畫觀念在影響著畫家，也影響著觀賞者。不僅僅是徐渭的繪畫在發生變化，如沈啓南、陳復甫、孫雪居、唐伯虎、陸叔平、周少谷、張子羽、孫漫士、範啓東、林以善、大涵，這一系列人物，大都是他們在世時就有一定影響的畫家，徐渭似乎是插隊進去的。他們崇尚的是「天眞」、「涉筆點染「、「遒逸」、「超然畦徑」，反對者爲「院體」之「人巧」，就連王養蒙醉著草履，漬墨亂步絹上以爲葉，再布藤綴實所畫的葡萄，也被指爲「天趣自然」〔註33〕，可見《明畫錄》激進思想之一斑，徐渭繪畫符合他的審美定位，並受到其激賞。

　　鄭梁（1637～1713）在《徐文長佚草序》中說：

　　　　易曰：同聲相應，同氣相求。凡人於聲氣之同者，雖曠百世而應求自合。吾觀野公之與文長，其遇同、其負奇不屈同、其塡詞之爽脫流麗同。其詩文雖微有不同，然一則以才豪，一則以情韻。而其爲可傳亦無不同，宜其流連愛慕不能已已也。而況前有梅林，後則有石麓，……又安望八十年來更有寶其殘篇零稿，如吾野公者乎？〔註34〕

　　鄭梁對野公（徐沁）的爲人比較瞭解，對其收集徐渭「殘篇零稿」，以爲是「聲氣之同者」，所以，徐沁在《明畫錄》中對徐渭的評介，自然不是一時激憤之詞。如果翻看徐渭文集中相關論畫的文句，確實有「同聲相應」之基礎，試看徐渭的部份詩文：

篇　名	內　容	出　處
書夏山水卷	觀夏此畫，蒼潔曠迴，令人舍形而悅影。	《徐文長三集》卷二十，《徐渭集》第572頁。

〔註33〕〔明〕徐沁《明畫錄》：「王養蒙，鄞人，畫葡萄障，乘醉著新草履，漬墨亂步絹上，就以爲葉，布藤綴實，天趣自然。」，《中國書畫全書》第四冊，第564頁。

〔註34〕〔清〕鄭梁《徐文長佚草序》。《續修四庫全書》第1355冊，上海古籍出版社1995年。第470頁。鄭梁，字禹梅，號寒村，浙江慈谿人。黃宗羲弟子，工詩文。從「八十年來」看，寫序時間當在1673前後，說明《徐文長佚草》成書時間與徐沁《明畫錄》成書時間相近。

盛懋畫千巖競秀卷	筆尖點染不妨嬌,其中自寓老而瘦。王郎卷來令我題,我覽三日目不移。醉後伊吾吟杜詩,較計王宰未可相雌雄。	《徐文長三集》卷十九,《徐渭集》第 522 頁。
書沈徵君周畫	世傳沈徵君畫多寫意,而草草者倍佳,如此卷者乃其一也。……此草者之所以益妙也。不然,將善趨而不善走,有是理乎?	《徐文長三集》卷二十,《徐渭集》第 573 頁。
跋陳白陽卷	陳道復花卉豪一世,草書飛動似之。	《徐文長逸稿》卷十六《徐渭集》第 977 頁。
蔣三松風雨歸漁圖	蘆長葦短掛青楓,墨潑毫狂染作烘。半壁藤蘿雄水口,一天風雨急漁翁。蓑笠重,釣竿,不教工處是真工。市客誤猜陳萬里,惟予認得蔣三松。	《徐文長三集》卷十二《徐渭集》第 428 頁。
書謝叟時臣淵明卷為葛公旦	吳中畫多惜墨,謝老用墨頗侈,其鄉訝之。現場而矮者相附和,十幾八九,不知畫病與不病,不在墨重與輕,在生動與不生動耳。	《徐文長三集》卷二十《徐渭集》第 574 頁。
唐伯虎古松水壁閣中人待客過畫	南京解元唐伯虎,小塗大抹俱高古。	《徐文長三集》卷十一《徐渭集》第 385 頁。
王鵝亭雁圖	本朝花鳥誰高格,林良者仲呂紀伯。	《徐文長三集》卷五《徐渭集》第 154 頁。

徐渭《詩說序》有言:「取吾心之通,以適於用。」〔註35〕或許徐渭天生就是一名寫意畫家,在劉典寶畫梅花請他評論的時候,就說過「予不能畫」,「畫之意則稍解」,「約略而不求似者多有餘」。其實,也只有徐渭這樣的詩人才能說出這樣的感悟。徐渭的畫之所以贏得後人的賞識,與其「心之通」的歌詩觀念不無關係。也正可以在這一層面上說,中國水墨畫就是詩歌藝術的不同表現形式,如果缺少詩意的提煉,也就不成其為中國畫了。《明畫錄》對於山水畫的認識亦然:

> 能以筆墨之靈,開拓胸次,而與造物爭奇者,莫如山水。當煙雨滅沒,泉石幽深,隨所遇而發之,悠然會心,俱成天趣;非若體貌他物者,殫心畢智,以求形似,規規乎遊方之內也。自唐以來,畫學與禪宗並盛,山水一派亦分為南北兩宗。〔註36〕

筆者以為,如果從徐沁對待王養蒙「畫葡萄」的心態來看其「南北宗」觀念,在某種意義上來說,肯定與董其昌所說的「南北兩宗」不能重疊,因為其強調天趣與激情的東西,可能會超越董其昌對筆墨等因素的限定。我們

〔註35〕 〔明〕徐渭《徐文長三集》卷十九,《徐渭集》,第 522 頁。
〔註36〕 黃賓虹、鄧實編《美術叢書》三集第 7 輯。神州國光社 1936,第 36 頁。

從董其昌對徐渭的漠視中亦可感受到他們觀念上的差異。

《明畫錄》的《花鳥》敘，包含了明代花鳥畫的重要人物，並展現了明代的花鳥畫未來發展方向。沈周以後，水墨形態的寫意花鳥畫沿著一條不求形似的道路向前迅猛發展，似乎預示著徐渭獲得聲譽的契機。「青藤花卉，超然畦徑」可以說是對袁宏道「旁逸」說的強化，與張岱的「離奇超脫」說同伍。自此以後，這些有關徐渭繪畫的評論內容，就成爲後人徵引的重要來源。《明畫錄》裏的徐渭小傳還說：

> 徐渭字文長，號天池，晚稱青藤道人。山陰人，爲諸生，工詩義，應胡少保宗憲辟，作《白鹿表》，名重一時。中歲始學畫花卉，初不經意，涉筆瀟灑，天趣燦發，於二法中，皆可稱散僧入聖，畫上自爲題句，書法更佳。署曰：田水月。〔註37〕

「涉筆瀟灑，天趣燦發」很能贏得清代畫壇的青睞，「青藤道人」之畫名似也由此開始流行。但徐沁此刻還有「書法更佳」的論調，延續了袁宏道等人的評價。好久沒有人這樣說了，有「似曾相識」的感覺，徐沁搜集徐渭佚稿時當見過徐渭的手筆，在大力推介「青藤花卉」時還不忘綴上「書法更佳」之語，真是徐渭的知音。也正因爲徐沁對徐渭書法有更多的瞭解，有更多的感性認識，所以能寫出自己獨特的感受。

張岱編輯《徐文長逸稿》時一定見過不少徐渭的手稿，當他爲徐沁輯《徐文長佚草》寫《再刻文長佚稿序》時說：「今野徐子（徐沁）復蹈前轍，廣蒐遺稿，積聚盈笥，雖其求法、購法、辨法、選法比余之潦草鹵莽大相懸……」〔註38〕這一序跋也說明徐沁見過徐渭手跡，但徐沁《明畫錄》中，除了「書法更佳」以外，再無其他評語，張岱等人對徐渭的書法也沒有再見讚譽，甚至沒有發表任何言論（也許是筆者寡聞少見）。

在這一時段《朱臥庵藏書畫目》著錄徐渭三件書畫作品：《竹石荷花牡丹圖》、《花枝圖》、《一掌紅塵圖卷（自題自詠自跋）》。〔註39〕我們無法判斷《朱臥庵藏書畫目》的著錄與徐沁編《明畫錄》時間孰先孰後，因其只記畫目，不記內容，雖然懷疑，但暫時無法深究。

〔註37〕 〔明〕徐沁《明畫錄》，《中國書畫全書》第 10 冊，第 28 頁。

〔註38〕 〔明〕徐渭《徐文長佚草》，續修四庫全書 1355 冊，山海古籍出版社 1988。

〔註39〕 〔明〕朱之赤《朱臥庵藏書畫目》，《中國書畫全書》第 4 冊，第 802～813 頁。
　　　　謝巍《中國畫學著作考錄》認爲《朱臥庵藏書畫目》當作於 1661 到 1665 之間。上海書畫出版社 1998，第 450 頁。

三、書畫被師法，畫作入畫譜

伴隨著徐渭畫名鵲起，師法徐渭的畫家也越來越多，他已經成爲公眾認可的大畫家，所以被《芥子園畫傳初集》（1679 年出版）選入〔註40〕，這是徐渭作品第一次被列入畫譜，王概（1654～1710）在《學畫淺說》裏，分別於《用筆》、《天地位置》、《落款》中三次提及徐渭，具體如下：

用筆：徐文長醉後拈寫字敗筆，作拭桐美人，即以筆染兩頰，而豐姿絕代，轉覺世間鉛粉爲垢，此無他，蓋其筆妙也。用筆至此，可謂珠撒掌中，神遊化外。書與畫均無歧致。

天地位置：鹿柴氏曰，徐文長論畫，以奇峰絕壁，大水懸流，怪石蒼松，幽人羽客，大抵以墨汁淋漓，煙嵐滿紙，曠若無天，密如無地爲上。此語似與前論未合。曰：「文長乃瀟灑之士，卻於極塡塞中具極空靈之致。夫曰曠，若曰密，如於字句之縫旱逗露矣。

落款：元以前多不用款，或隱之石隙，恐書不精，有傷畫局耳。至倪雲林字法遒逸，或詩尾用跋，或跋後繫詩，文衡山行款清整，沈石田筆法灑落，徐文長詩歌奇橫，陳白陽題誌精卓，每侵畫位，翻多奇趣。近日俚鄙習匠，宜學沒字碑爲是。〔註41〕

因徐渭畫作流傳較少，評論文字涉及的基本爲花鳥畫，「徐文長醉後拈寫字敗筆，作拭桐美人」不就是畫人物，這是第一次有人提到徐渭繪畫涉及人物，或許是看到這類畫作，不免讓人懷疑，這一內容後爲《越畫見聞》所引用。但「神遊化外」、「大抵以墨汁淋漓，煙嵐滿紙，曠若無天，密如無地爲上」則似乎有徐渭的風格特徵。「徐文長詩歌奇橫，陳白陽題誌精卓。」這是第一次因爲題畫詩的原因把徐文長與陳白陽對舉。姜紹書《無聲史詩》對徐渭的介紹沒有新的發明，基本繼承袁、陶所寫的傳記的內容，但說「渭作畫花卉爲多」〔註42〕卻是實情。「亦好奇之過歟」的評價可能是對袁宏道宣傳的「奇人」形象的回應。

〔註40〕　參見劉越 2007 年博士論文《〈芥子園畫傳初集〉考評》第二章《芥子園畫傳初集》版本考析。作者從紙張、字體、印章等角度，認定上博藏本爲初刻本。

〔註41〕　〔清〕王概《芥子園畫傳・畫學淺說》，《中國書畫全書》第 8 冊，第 956、958頁。另見《芥子園畫傳初集》卷一第七頁、第十頁、第二十一頁。

〔註42〕　〔清〕姜紹書《無聲史詩》，《中國書畫全書》第八冊，第 848 頁。

　　從《芥子園畫傳初集》卷五模仿諸家橫長各式十幅中有《徐文長畫 並詩》（圖 3-1）。李漁（1610～1680）康熙十八年的《芥子園畫傳》序說：「更爲上窮歷代，近輯名流，匯諸家所長，得全圖四十頁，爲初學宗式。」「近輯名流」的態度很明確，徐渭在此行列，〔註 43〕說明此時徐渭的威望已經並類於沈石田、唐六如等名家。而此前，明代萬曆三十一（1603）年，浙人顧炳（字黯然，號懷泉）彙編古代繪畫爲《顧氏畫譜》（又稱《歷代名公畫譜》）共選編了晉唐至元明畫家等 106 家，其中明畫 42 幅，徐渭不在其中。說明徐渭去世 10 年的時候，還沒有進入名家隊伍。〔註 44〕1615 年明朱壽鏞等編《畫法大成》〔註 45〕也沒有提及徐渭。即使原版《芥子園畫傳初集》所選刻的作品水平比較高，但他們採信的是否爲徐渭本有的風格，是要打個問號的。

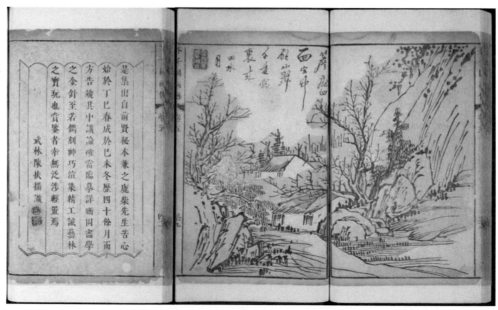

圖 3-1　上海博物館藏《芥子園畫傳初集》選入《徐文長畫 並詩》

〔註43〕〔清〕王概《芥子園畫傳初集》卷一康熙十八年（1679）序。李漁，初名仙侶，後改名漁，字謫凡，號笠翁。生於江蘇雉皋（今如皋）。明末清初文學家、戲曲家。

〔註44〕〔明〕顧炳《歷代名公畫譜》（萬曆三十一年虎林雙桂堂刻本），廣西師範大學出版 2001，第 2～5 頁。

〔註45〕〔明〕朱壽鏞等編《畫法大成》《中國古代畫譜集成》第 3 卷，山東美術出版社 2000。〔清〕王概《芥子園畫傳初集》卷一康熙十八年（1679）序。李漁，初名仙侶，後改名漁，字謫凡，號笠翁。生於江蘇雉皋（今如皋）。明末清初文學家、戲曲家。

　　如果說刻入畫譜就認爲徐渭受到畫家師法算是一條孤證的話，我們還可以找到其他證據，清梅瞿山（梅清）〔註46〕《淡墨山水冊》第二頁題款有：「桐窗高涼，用青藤道士法。瞿山梅清。」〔註47〕此冊沒有具體時間，梅清（1623～1697）是順治十一年（1654年）舉人，以《芥子園畫傳》（初集康熙十八年出版）的時間來看梅清已經 56 歲，這個時間正在學習，或者說此前已經學習應該不爲過早。今故宮博物院藏《聞有賦壞翅鶴者等十五首》四體卷（京 1-1831）後有瞿山跋（圖 3-2）一段題跋：

　　　　天池書法得南宮遺意，余習之三十餘年，此興至今未倦，瞿山
　　　　老矣，後之習余書者，能一如余之習天池者乎？暑中偶展卷示佛壽，
　　　　因並記之，瞿山。

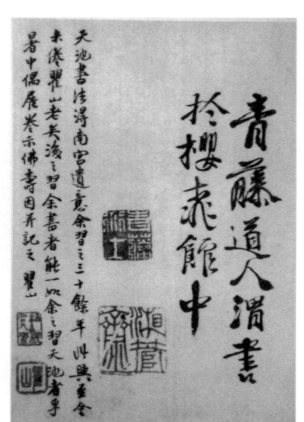

圖 3-2　故宮博物院藏《聞有賦壞翅鶴者等十五首》四體卷款、瞿山跋及
　　　　「湘管齋」印

〔註46〕〔清〕梅清，字淵公，號瞿山，安徽宣城人。與石濤相友善，繪畫亦互有影響。
〔註47〕〔清〕梅清《淡墨山水冊》，見《中國書畫全書》第十三冊，第 349 頁。

這件長卷，筆者以爲不是徐渭的作品，但瞿山的跋應該是沒有問題的，以他去世年（1697）來推算，三十年前爲康熙六年（1667），此前就開始關注徐渭的書法，早於《芥子園畫傳》初集出版12年。由此可以知道，此時的梅清，也已經關注其繪畫。

與梅清年齡相仿的還有八大山人朱耷（1626～1705），他有《仿徐渭墨荷圖》（圖3-3）存世，上題徐渭的詩句：「若個荷花不有香，若條荷柄不堪觸。百年不飲將何爲，況值新槽琥珀黃。」〔註48〕石濤（1642～1707年）、八大山人與瞿山之間都有詩畫交往〔註49〕，從他們的年齡來看，活動年代都與《芥子園畫傳》的作者王概、李漁等相先後。所以，可以說流風所及，徐渭去世不到百年，已然成爲很多畫家師法的名家了。

圖3-3　美國波士頓博物館藏八大山人《仿徐渭的荷花》軸

〔註48〕《藝苑掇英》第17期，第19頁。題畫詩原作者爲徐渭，題爲《畫荷壽某君》，見《徐渭集》第二冊，第396頁。

〔註49〕朱耷，字雪個，又字個山、八大山人等。石濤與八大山人生前有無直接交往的問題，有人提出不同意見，從郭懷若《石濤書畫研究》（2009年首都師範大學博士論文）搜集的材料說明他們有共同切磋書畫，合作書畫的事實。詳情參見該論文。石濤與梅清交往的材料如：康熙五年（1666）25歲。冬，與旅庵本月到宣城，與梅淵公、施愚山、吳晴晴岩諸公訂交，招入詩畫社，相與唱和。有《奉贈瞿山先生》七古一首。康熙二十七（1688）年梅清有詩《寄石濤，時在揚州》：「六載輕千里，高風不可群。嘯歌憐舊雨，蹤跡想浮雲。老鶴棲常病，孤鴻遠更聞。廣陵秋色好，吾亦下江口。」（見《戊辰詩稿》，《天延閣後集》卷卷十三，《四庫全書存目叢書》集部第222冊，第226頁。康熙九年（1670）29歲作。在宣城。畫山水畫贈梅清梅清，梅清有長歌相答。偕喝濤住金露庵，梅清來訪。秋，住宛津庵，梅清再訪。參見郭懷若《石濤書畫研究》之《石濤書畫年表》，2009年首都師範大學博士論文，第172頁。

四、成爲書畫名流，作品被僞

徐渭未出名不被收藏家接受，也不在被僞之列，現在徐渭名聲鵲起，被寫入書畫史，被著錄，受人崇拜，也就順理成章地成爲作僞者苟利的對象了。沈德符曾說嘉靖末年「米海嶽之假帖」往往都珍爲異寶，何況今天徐渭與前代名家白石（沈周）、白陽（陳淳）一樣，被梅清等人師法，作僞者的步伐肯定會隨著市場的動向，也在變換著節律，把觸角伸向原先尚未開發的處女地。在徐渭去世接近 100 年的時間裏，出現贋品的條件已經具備，如 1969 年周亮工題跋的上海博物館藏《行書唐宋人詩卷》就可能是比較早的贋品之一，這一作品應該說是與《芥子園畫傳》選擇徐渭的時間同步。康熙二十一（1682）年，徐渭去世後 89 年，清卞永譽（1645～1712）《式古堂書畫匯考》著錄徐文長作品七件（書六畫一）〔註50〕：

1. 《徐文清書李杜詩帖》（6 種）標題依原款。（約 650 字）
2. 《徐文長書大江東去詞帖》（約 120 字）
3. 《徐文長評字手跡》（約 300 字）
4. 《跋停雲館帖》（約 80 字）
5. 《青藤道士諸詩帖》11 首（約 800 字）
6. 《天池山人書太白詩》（約 100 字）
7. 《徐文長寫生十二圖並題卷》（有辛酉（1681）長跋一條附畫後）

《式古堂書畫匯考》係採錄前人著錄書畫之書與本人所見所聞者匯輯而成，當然包括轉錄的兩件題跋，其他長卷與今日常見長卷格式相似，尺幅較大，如同上文中提及的瞿山跋尾的故博藏《聞有賦壞翅鶴者等十五首》四體卷。四體卷的書法沒有瞿山所說的那麼好，也與筆者文中舉例眞跡風格不同。再看《徐文清書李杜詩帖》的結尾是這樣記述的：

> 下有南威、西施共處於一堂，即鄭袖、驪姬猶知避之，而況於嫫姆無鹽乎？然諸娣群姑迫之不已，或牽其臂，或曳其裾，則朱粉而逡巡其間者容亦不免矣。陳子令予書李、杜之什，而必欲附我於尾，辭不得也，其殆類是。〔註51〕

〔註50〕〔清〕卞永譽《式古堂書畫匯考》卷二十七，《中國書畫全書》第六冊，第 629、630 頁。

〔註51〕〔清〕卞永譽《式古堂書畫匯考》卷二十七，《中國書畫全書》第六冊，第 629 頁。

這段記錄似寫於歌伎院落，「諸娣群姑迫之不已，或牽其臂或曳其裾」，結尾也沒有落款，這些人能讓他不落款停筆嗎？不可理解。「則朱粉而逡巡其間者容亦不免矣」，也不太容易理解是什麼意思，不知是否想表達「施粉黛者的粉灑落在紙面上亦不免」的意思。

再如《青藤道士諸詩帖》帖內小字自注鈐縫印有：「酬字堂」、「運昌」二朱文印也與筆者疑偽的一些作品相似，此卷所錄其他詩歌《書簋贈顧鴻臚》、《贈刑部沈君》、《任琴篇爲趙子賦號》、《得「梨花一枝春帶雨」乃是一麗人爲所私，留絆不得，渡桃葉而啼座上，並賦》、《納妾詩》、《宿長春祠眺月百八仙臺》、《朱四》、《訪王山人於吳門》、《陸孝子詩》《方封君七十，其子刑部郎索》也是不同時期所作，其中比較早的是 1549 年 29 歲寫的《納妾詩》（據《畸譜》）。長短不一的詩歌的格式也與後文中所考偽品格式相似，這些特徵都讓筆者懷疑。

從時間上考察，從張元忭到張岱已經是 4 代人，張岱出生前徐渭就去世了，現在張岱也去世了，徐渭的作品在其去世後的一段時間裏很少能見到著錄，在徐渭去世 89 年時出現很多長卷書法作品，是不是有點奇怪呢？《式古堂書畫匯考》著錄的這些作品與周亮工 1669 年題跋的疑偽書卷時間都比較近，筆者懷疑這是作偽徐渭的一次高峰。其中《徐文長寫生十二圖並題卷》後附有一段很長的跋文，對徐渭的題畫詩與繪畫內容、特點作了一次小結：

> 文長徐山人，不特中郎以爲「有明一人」也，當日沈青霞君曰：「自某某以後若干年，不見有此人。」武進唐先生亦謂：「殆輩吾後。」今去山人八十八年矣，山人嘗自言：吾書第一，詩二，文三，畫四，則花草竹石其旁溢者。然余見《三集》、《逸稿》及手鈔散帙，動多題句所云：「世間無事無三昧，老來戲謔塗花卉。」又云：「不求形似求生趣，根撥皆吾五指栽。」豈固如登州蜃樓邪？此卷《杏花》、《玉簪》、《菊》、《水仙》、《蘭》、《玫瑰花》，載《三集》。《荷》獨朵，《芙蓉》淺色，《牡丹》詩載《逸稿》，餘若《梅花》用元章換米事，《茶花》用昆明事，略與集同，而另爲一首《芭蕉》句差減於集，《虎鬚蒲》止五言二句，見鈔本。而集中有《賦客強余畫十六種花》者，有《賦余作花十二種》者，皆七言古詩，又有《賦畫百花卷與史甥，題曰：漱老謔墨》者，茲則寫十二種各題之，而標以「漱老墨謔」，別爲一卷。而《玉簪》詩：「老人」作「老夫」，《玫瑰》詩：「畫裏

看花不下樓」作「灑墨為花醉小樓」；「無因」作「何因」。小有同異，
文人涉筆往多類是。於是，書與詩與畫具此矣。文則備已，未梓本
行事，詳於自銘《畸譜》及陶、袁兩傳，宜考鑒也。書示勝吉於漱
藤阿重山場。（紙本裝卷後）〔註52〕

　　「今去山人八十八年」，即辛酉（1681）年，是《式古堂書畫匯考》成書
的前一年，跋者未留姓名，此卷原為裴姓人藏。這段話不像是畫卷後的跋語，
而像是一封解答藏家疑問的回函，被附於卷後。不然何以用「書示」某某的
口氣呢？儘管此段文字不留姓名，但概括得很有見地，有我們常常引用的題
畫詩句：「世間無事無三昧，老來戲謔塗花卉。」「不求形似求生趣，根撥皆
吾五指栽。」。這段文字中的題畫詩內容，在今存作品中也多次出現，題畫詩
文字內容也常被改動而「小有同異」。

　　筆者認為《式古堂書畫匯考》是一個信號，預示著以後將會出現更多來
歷不明徐渭的書畫作品。雖有學者稱卞永譽「鑒賞經驗日富，鑒定水平很高」，
但此時徐渭的名氣甚至大過梅清、八大山人、石濤等人，完全符合作偽對象
所要求的名家條件，徐渭作品存世量又很少，有了名氣而不見作品，對作偽
者來說更是絕佳的時機，經過幾年積累，模仿得並不一定很好，但藏家大多
未得親睹徐渭作品的真容，試想會有什麼情況發生？筆者把 1593 至 1943 年
著錄徐渭書畫作品，據《徐渭書畫接受簡表》（本文附表一）作了些統計：

年　代	書法（件）	繪畫（件）	題跋（件）	合計件數
1593～1681	1	8	1	10
1682～1793	11	26	3	40
1793～1892	23	42	1	66

　　特別是從 1682 年以後，完全是呈不斷增加的趨勢，1793～1892 年顯示
達到高峰。當然，著錄中也有重疊的部份，作品出現時間也不可能與著錄書
簡完全吻合，本表統計並不是非常精確的統計，收集材料也不可能沒有遺
漏，只能反映徐渭去世以後其書畫作品數量上出現的一些變化。如果從拍賣
會上出現的作品來看，筆者以為直到今天，徐渭書畫作品數量仍然有增加的
趨勢。

〔註52〕〔清〕卞永譽《式古堂書畫匯考》卷五十九，《中國書畫全書》第七冊，第 230
　　　　頁。

　　爲什麼會出現這種作品不斷增加的現象？用《顧氏畫譜》的話說：「中經華夷改革戰爭之故，不可勝紀，無論付祝融、淪異域、化烏有者什五焉，而殘縑裂楮，煙黯漫滅之餘，能快人間之展玩者有幾本？」〔註53〕名家的作品因爲世事變遷也難以長存，就如宋人刻帖，拓本很多，今都難得一見，即便是備受寶愛的孤本珍品，常有失傳也在所難免。徐渭生前書畫名聲不隆，去世後很長一段時間也少有人問津，畫本是其「旁逸」的一科，現在唱了主角，但滄海桑田，哪裏去尋得徐青藤呢？作僞之風是伴隨著市場的需求而來的，他們正好趁虛而入，炮製大部份人都不曾見過的「徐渭」書畫作品。贋品的風格一旦得到鑒定家、收藏家們的認可，那麼，這個市場

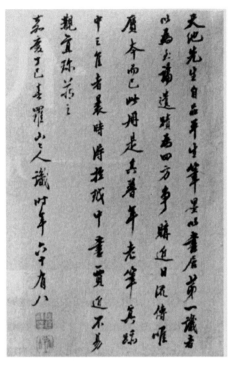

圖 3-4　徐渭《春興詩》冊（僞）
張廷枚題跋

就算被打開了。作僞也有跟風者，第一代贋本就已經以正本的姿態展現在後代人的廳堂，大量仿贋本之僞作也不斷出現。清張廷枚題跋僞徐渭《春興詩》冊（見第四章第二節個案一）說：「近日流傳唯贋本而已，此冊是其暮年老筆，眞跡中之佳者。」（圖3-4）湯貽汾題僞《明徐青藤畫（三十六幀）冊》後「儈父紛紛直取鬧。大書青藤名敢盜。世無瞽者此輩窮。豈知眞跡歸吳公」。此冊還有潘曾瑩題：「予見青藤墨蹟甚夥，眞贋各半。」〔註54〕他們以爲眞的作品，筆者所考也是贋品，「眞贋各半」僅僅是個保守的說法。

　　由《徐文清書李杜詩帖》想到卞永譽《式古堂書畫匯考》著錄的徐文長書《李白詩九首九十一行草書長卷》，馮銓題跋於甲子（1624）孟夏〔註55〕，

〔註53〕【明】顧炳《歷代名公畫譜》，萬曆三十一年虎林雙桂堂刻本，廣西師範大學出版社2001，第2頁。
〔註54〕〔清〕龐元濟《虛齋名畫錄》卷十二，《中國書畫全書》第十二冊，第542頁。
〔註55〕馮銓跋《明徐文長「書李白詩九首九十一」行草書長卷》（疑僞）。著錄於方濬頤《夢園書畫錄》，1875年成書。附跋人：① 上海張肇林。② 乙丑（1625）東海豐建。③ 涿鹿馮銓題，同觀者卜萬安、姚瞻雲。甲子（1624）孟夏廿又

此時馮銓（1595～1672）尚未出生（或下一個甲子，已經去世），除非另有同名者題於甲子年，故題跋應該是作僞的。從卞永譽著錄情況來看，徐渭作品數量在明顯增加，作品樣式則以長卷爲主。

1692 年孔尚任《享金薄》也著錄了徐文長的兩幅書法作品，《理葡萄詩卷》和《書早朝詩》大幅。孔尚任說：「奔放有奇氣。」〔註56〕從「大幅」字面意思來看，應當是大幅立軸，有多大尺寸，不清楚，但這是著錄書中第一次以「大幅」來稱呼作品。徐渭去世近百年了，這是以往未見的新樣式，我們從徐渭的詩文中也未見有這類作品的記載，從今天所見的大幅作品來看，王鐸生活時代比較流行（比徐渭要晚幾十年），王鐸有很多大幅作品存世，他是徐渭去世前一年出生的，此前也有，如祝允明、文徵明、陳淳等大幅，但多爲有爭議的作品。因未見作品不好妄下結論，姑且存疑。

徐渭成爲書畫名流或許與徐沁《明畫錄》推舉有關，但更與明代花鳥畫家的趣尚合拍。樊波先生研究認爲，清花鳥畫主要的貢獻表現在兩個方面：「一是，花鳥畫形式構造問題的探討；二是，花鳥畫審美標準的確立。」〔註57〕但這種審美標準到底在那一階段得到廣泛認可的呢？早在沈周、陳淳之前的孫隆、林良等人的花鳥畫，以及浙派山水畫中表現出來的迅疾的用筆動作與強烈的節奏感，已經獲得認可的情況下，徐渭的潑墨大寫意繪畫卻遲遲得不到畫界普遍認同，個中原因可能與「花鳥畫審美標準的確立」的階段性有很大關係。樊波先生在《中國書畫美學史綱》裏還分析說：「明清美學家爲花鳥畫確立了一個重要的審美標準：生意。」〔註58〕從推舉徐渭的畫史著作徐沁《明畫錄》的寫作時間（1673）來看，是否可以認爲明清花鳥畫審美標準「生意」，或者說對「大寫意花鳥畫」形成共識的時間，要晚到徐沁寫《明畫錄》的時代。在此期間也出現了大量的贗品徐渭，我們是否也可以認爲贗品在體現「市場價值」的時候，也在一定程度上摺射出世人的審美取向呢？

四日也。④ 施鳳來（1563～1642）。卷首有收藏印「正亨私印」尾鈐「荷衢」印。潘正亨（1779～1837），字伯臨，號荷衢，廣東番禺人。《中國書畫全書》第 12 冊，第 268 頁。

〔註56〕〔清〕孔尚任《享金薄》，見黃賓虹、鄧實編《美術叢書》初集第七輯，神州國光社 1936，第 211 頁。

〔註57〕樊波《中國書畫美學史綱》，吉林美術出版社 1998，第 555 頁。

〔註58〕樊波《中國書畫美學史綱》，吉林美術出版社 1998，第 559 頁。

第三節 徐渭離世 100 年後與「白陽」並舉，確立「青藤」畫史上的地位

徐渭書畫被接受的，似乎並不是因爲某人的宣傳而發生質變，應該是時代的審美觀念在發生變化，以致其與陳淳一起，爲寫意畫家所欣賞。

一、「青藤白陽」並舉，成爲寫意經典

徐渭畫名的確立，地位的提升，是一直伴隨著其「奇人」的形象而廣爲傳播的。1695 年吳楚材、吳調侯編選康熙三十四年《古文觀止》收錄《徐文長傳》，讀的是袁宏道的文，而傳播的是徐渭「奇」人形象。《古文觀止》作爲普及讀物出版，流傳版本甚多，經過百年風雨，徐文長的名字已經不是「有明第一」的詩人，而是赫赫有名的書畫家了，此時出版《古文觀止》對的徐渭書畫名聲的傳播，可能會比 1600 年出版的徐渭文集更見效果。

清毛奇齡（1623〜1716）《西河集》就記載了一件有趣的事情，集中有詩《黃君到節使君下榻適在徐渭里中，寺有渭題詩壁，黃本慕徐，睹畢恍然，因屬記事》：

> 羊裘短劍涉江來，自比山陰狂士才。客舍車裝留下里，官庖鼎肉饋香臺。
>
> 南州人去餘青草，東壁詩題掩綠苔。何意宣城懷謝朓，樓頭佳句爲君開。〔註59〕

這一材料，未交代「黃本慕徐」（黃君俟考）的原因，但慕徐者一定曾受到袁文宣傳的感染，此時徐渭已經作爲全才的藝術家，也不僅僅以詩文爲社會認可了。黃節使適越時還能見到徐渭的題壁，這也說明徐渭書法並不一定罕見。毛奇齡康熙二十四年（1685）引疾歸里，大約不會在此之前，據周亮工的說法推斷，此時已不見徐渭故居，不然「慕徐」之黃君肯定要去參拜，由於時間太久，還能見到徐渭手筆，讓人不敢相信，但作僞又沒有必要跑到寺廟裏去，姑且信之。

〔註59〕〔清〕毛奇齡《西河集》卷一百七十六，文淵閣《四庫全書》本。毛奇齡，字大可，又字於一、齊於，號秋晴，又號初晴等等，以郡望西河，稱西河先生。蕭山（今屬浙江）人。明末廩生。清兵入關後曾參與南明魯王軍事，魯王敗後，化名王彥，亡命江湖十餘年。康熙十八年（1679）舉博學鴻儒，授翰林院檢討，參與修《明史》。二十四年（1685）引疾歸里，專事著述。

　　從繪畫上來看，這一階段出現了師法徐渭熱潮，除了八大山人、石濤等名畫家學習徐渭以外，在他們的影響下，又有新生代出現，並把學習的對象同時指向青藤和白陽。1693 年成書的高士奇《江村書畫錄》著錄了一件由徐乾學 1685 年題跋的《徐文長水墨寫生卷》，共九段。這是著錄書中第一次出現的徐渭畫卷後面有題跋的記載。畫不敢肯定為真，但題跋應該沒有問題的。原文是：「康熙乙丑（1685）夏六月，隨錢塘學士……先生攜徐文長畫卷相示，草樹蟲魚，潑墨瀟灑，逌爾而笑，如在江湖。因題此後方，並識歲月。崑山徐乾學。」〔註60〕

　　《西陂類稿》中也收有康熙丙子（1696）年宋犖《跋文康公雜畫》：

　　　　《文康公雜畫》一冊，凡八頁山水三、石一、竹一、寫生三，……犖謹藏筍籃中，十五年前（1681）犖宦京邸，從文肅公五子彥公學士乞得此冊，憶文康公圖此時，犖才十二（1645），今忽忽六十有三，……文康公畫筆乘興點染爛然天真，生平心折陳淳、徐渭二人，此殆似之。康熙丙子三月十日重加裝池，灑淚題此。〔註61〕

　　徐乾學等人在欣賞徐渭，而宋犖所記文康公則「生平心折陳淳、徐渭二人」，可見徐渭地位在文康公心中與陳淳已經不分高下了。研究徐渭或者陳淳，每一位學者都繞不開一個問題，「青藤白陽」並稱是什麼時候提出來的？那麼這裡「生平心折陳淳、徐渭二人」，是目前筆者所見最早的文字記載。1696題跋，而畫卻是 1645 年的，也就是說剛入清的時候，文康公已經開始私淑青藤、白陽，其時正接近周亮工、張岱等人品題徐渭畫卷的年代。這一事實是能夠讓人接受的，因為我們發現最早的題跋是 1622 年周順昌在《周忠介公墨竹圖》上的題跋，可見徐渭逐漸被後人認可是有跡可尋的。

　　王概《芥子園畫傳・學畫淺說》（1679 年初集出版）中，文長與白陽第一次在專業書中因題畫方式被並列在一起。從筆者統計的《徐渭書畫接受簡表》來看，王概之後並沒有完全按照「青藤白陽」的模式來並稱，而是用「陳淳

〔註60〕〔清〕高士奇《江村書畫錄》，《中國書畫全書》第 7 冊，第 1038 頁。徐乾學（1631～1694），字原一，號健庵，清江蘇崑山人。明末清初著名學者顧炎武的外甥。

〔註61〕〔清〕宋犖《西陂類稿》。《中國書畫全書》第八冊，第 698 頁。宋犖，字牧仲，號漫堂、西陂、綿津山人，晚號西陂老人、西陂放鴨翁。漢族，河南商丘人。精於書畫鑑別。《漫堂書畫跋》是由《美術叢書》編者自作者《西陂類稿》中輯出的。

徐渭」、「徐文長陳白陽」、「天池白陽」、「文長白陽」、「白陽天池」等多種表達方式展現他們的並列關係，只是「青藤、白陽」比「白陽、青藤」並稱的頻率稍高而已，或許只是因為音律的原因才把青藤放到前面，有時也與其他人並稱，如「青藤石濤」、「白石青藤」等。據筆者把他們的並稱方式統計如下（出處見附表一）：

「青藤」「白陽」等並稱方式統計表：

姓　名	資料統計	稱謂及排序
宋犖（1634～1713）	生平心折陳淳、徐渭二人。	陳淳徐渭
王概	文衡山行款清整，沈石田筆法灑落， 徐文長詩歌奇橫，陳白陽題志精卓。	文衡山沈石田 徐文長陳白陽
汪泰來（1711 舉人）	善花草意致在青藤、白陽之間，尤長松石。	白陽青藤
張弨（1625～1694）	花鳥有天池、白陽風。	天池白陽
邊壽民（1684～1752）	用筆在白陽、青藤之間。	白陽青藤
黃繼祖	其寫意花鳥在青藤、白陽間（有 1792 年作品）。	青藤白陽
郎福延	寫生得白陽、青藤兩家法。	青藤白陽
方薰	白石翁蔬果羽毛，得之人法，氣韻深厚，筆力沉著。	白石
	白陽筆致超逸，雖以石田為師法，而能自成奇妙，	白陽
	青藤筆力有餘，刻意入古。	青藤
謝希曾	文長雜技頗妙，花卉與白陽相埒。	文長、白陽
孫志皋	字石林，畫類白陽、天池兩家。	白陽、天池
楊翰	觀其氣韻，直入青藤、白陽之室。	青藤白陽
朱椒堂嘉慶乙丑進士	……寫意花卉涉筆便古，雖學青藤、白陽，而書卷之氣盎然溢於楮墨。	青藤白陽
張詩齡	蓋其山水得明代文氏法，而花卉寫意力追白陽、青藤。	白陽青藤
宋藹若	其品在白陽、青藤之間。	白陽青藤
張祥河（1785～1862）	後宗青藤、白陽，山水師待詔粗筆，工詩古文。	青藤白陽
周棠（1806～1876）	山水花木師白陽、青藤。	白陽青藤
朱齡（1821～1850）	師徐青藤而有石濤和尚逸韻。	青藤石濤
陸筱	畫在青藤、石濤之間，眞神品也。	青藤石濤
黃賓虹（1865～1955）	青藤白陽才不羈，繢事兼通文與詩。	青藤白陽
翟中溶	脫略簡老在白石、青藤間。	白石青藤

至於爲什麼出現青藤與白陽這兩個人經常並列在一起，筆者試著從中找出一些規律，因爲學習「青藤、白陽」繪畫的人，採用的是寫意的方法，繪畫風格大多介於徐渭和陳淳之間，即「青藤白陽間」，就是畫面風格比陳淳要放逸，但又不及徐渭豪達。既然是這種風格，當然就可石濤來作比，其實石濤畫風就是在「青藤白陽間」。「青藤」與「白陽」本身的區別還是蠻大的，如果以寫意的程度來看，青藤更趨向於大寫意，而今人理解的「青藤白陽」，往往也是偏向青藤，或可作「青藤」排在「白陽」之前的一種解釋。

1701 年《芥子園畫傳》二集出版發行，徐渭再一次以畫家的身份進入畫譜已經是順理成章的事情了。這一時段（1705 年）王士禎《香祖筆記》著錄「徐渭《墨芍藥》一軸，甚奇态，上有自題云：『花是揚州種，瓶是汝州窰。注以東吳水，春風鎖二喬。』字亦怪醜，予少喜渭詩，後再讀乃不然，只是欠雅馴耳。」〔註62〕因「字亦怪醜」筆者疑僞，前代著錄中沒有一位說徐渭書法是「怪醜」的。應該是王士禎無法判斷此作真僞，只是從書跡上覺得「字亦怪醜」，徐渭書風「影蔽」問題已經初見端倪。至於後來《芥子園畫傳》中收錄的作品，如墨蘭等大都與陳淳、唐寅無法區分，即便是國家圖書館藏早期的版本也是如此。我們暫且不討論《芥子園畫傳》中臨仿或刻版是否爲徐渭的原作，我們要關注的是，徐渭本真的風格已經趨向於模糊。

二、「詩字畫一代三絕」，官方著錄畫作

王原祁（1642～1715）等代表官方編寫的中國第一部集書畫著作之大成的《佩文齋書畫譜》一百卷，於康熙四十七年（1708）成書，保存了許多重要的資料。〔註63〕此譜收錄徐渭《蓮花圖》一件，評價與前人相比，也有所發明，題曰：

〔註62〕〔清〕王士禎《香祖筆記》卷十二，文淵閣《四庫全書》本。
〔註63〕〔清〕王原祁等《佩文齋書畫譜》，100 卷，中國清代書畫類書。王原祁、孫岳頒、宋駿業、吳暻、王銓等纂輯，康熙四十七年（1708）成書，共 100 卷。計分論書、論畫、帝王書、帝王畫、書家傳、畫家傳、歷代無名氏書、康熙皇帝御製書畫跋、歷代名人書跋、歷代名人畫跋、書辯證、畫辯證、歷代鑒藏等。所引古籍 1844 種，其中對書畫家傳記的引證，均注明出處。保存了許多重要的資料，爲中國第一部集書畫著作之大成的工具書。王原祁，字茂京，號麓臺，一號石師道人。江蘇太倉人。王時敏之孫。康熙九年（公元 1670 年）進士，供奉内廷，《佩文齋書畫譜》纂輯官。

青藤道人詩、字、畫一代三絕，此《蓮花圖》葉葉如在八面風中，百折不回，具有千鈞力勢。花即宴然不用力勢，如屋裏人不知屋外事。險刻亦用力勢，字頦放亦不用力勢，應照應處各不相照應，不照應處恰好照應，且道是什麼境界！〔註64〕

「詩字畫一代三絕」的提法與周亮工「俱無第二」的說法相近，是在張岱「書中有畫，畫中有書」的基礎上，結合王摩詰「詩中有畫，畫中有詩」的概括，把「詩字畫」三者融合在一起稱「一代三絕」，這種高調的評價用在徐渭身上還是第一次，與陶望齡稱其自言「吾書一，詩二，文三，畫四」，以及周亮工所說的「俱無第二」都有所不同，儼然是「詩書畫」全才的一代大家。

《佩文齋書畫譜》還記載了紹興畫家林日本：「林日本，字原長，崇禎間辟爲中書不就，楹邊多植梅，人稱爲梅隱。善詩歌，亦工書，酒酣揮翰，縱意所之，徐渭之流亞。」〔註65〕這條材料來源應該是《紹興志》。林日本，崇禎間（1628～1644）人，這裡似指向「工書」，在徐渭書法風格已經出現「影蔽」的時候說這種話，情況是否屬實，因未見作品，不易判斷，但筆者是持懷疑態度的，他的風格可能就是僞徐渭風格。《佩文齋書畫譜》的編輯者對徐渭的書法沒有下過結論，但「徐渭之流亞」的說法，顯然不是貶義，如果指向書法，至少說明徐渭的書法在這時候是有影響的。這一時期正是石濤活動前期，石濤題畫詩說「青藤筆墨人間寶」，這是以歌詩的形式直接頌揚徐渭的有代表性的一首題畫詩，徐渭已經從無名到有名，從進入畫史，到走進著錄，發展成爲被人頌揚、師法的一代大家了。在梅清、石濤等人的影響下，徐渭受到很多水墨寫意派人物的追捧。

有作者認爲王原祁與石濤是清初山水畫壇的正奇兩極〔註66〕，亦未嘗不可。石濤晚年生活在揚州，其繪畫對揚州八怪之流影響巨大，王原祁稱石濤「大江以南爲第一」〔註67〕。既然承認石濤的繪畫成就，當然也不會對徐渭

〔註64〕〔清〕今釋澹歸（1614～1680）《偏行堂集》，《佩文齋書畫譜》卷八十七，文淵閣《四庫全書》本。

〔註65〕〔清〕王原祁等《佩文齋書畫譜》卷四十四，文淵閣《四庫全書》本。

〔註66〕曹玉林《王原祁與石濤：清初山水畫壇的正奇兩極》，上海書畫出版社 2004。石濤部份：主要介紹石濤多舛的一生、石濤的繪畫理念和美學追求、「縱恣」精神與後世的寫意畫風以及清初山水畫壇「類」的拘束與「個」的反抗、主觀的自由與客觀的不自由及以奇補正與以正導奇等內容。

〔註67〕〔清〕蔡鴻賓《國朝畫家書》（石刻影印本）卷一有王時敏題石濤畫冊：「松風水月，未足比其清畢，仙露明珠，詎能方其朗潤。類蓮花之出水，赫煥無

的風格有所排斥。

順治十四年丁酉（1657）石濤題《山水冊》云：「畫有南北宗，書有二王法。張融有云：『不恨臣無二王法，恨二王無臣法。』今問南北宗，我宗耶，宗我耶？一時捧腹曰：『我自用我法。』」〔註68〕如石濤這類勇於創新的畫家，自然不會墨守董其昌所說的「南北宗」論，其水墨淋漓，縱態沉雄的風格，應該有不少來自青藤的啓發。所評「數十年來無此道」的徐渭風格，應該是石濤創造新畫風的原動力之一。

中國繪畫在浙派衰落以後，吳門畫派崛起，吳門之後又有董其昌形成枯筆淡墨之風，一直延續到「四王」（王時敏、王原祁、王鑒、王翬）等人，但民間畫派並不爲此畫風籠罩，如以「四僧」（朱耷、石濤、髡殘、弘仁）爲代表的野逸畫風，筆墨奇逸多變。其實這些人與青藤寫意的思想都有很多共通性。《石渠寶笈初編》1745 年完成，著錄了徐渭六件繪畫四件書法。這是徐渭作品第一次大規模入編官方著錄，同時也表明此前已有徐渭作品進入內府收藏。從臺北故宮博物院今藏可見作品來看，疑僞作品很多。《四庫全書總目提要》說：「今其書畫流傳者，逸氣縱橫，片褚尺嫌，人以爲寶。」正與「詩字畫一代三絕」的評論相呼應，評價如此之高，也正反映了市場的認可，所以徐渭書畫的市場眞僞情況也越來越複雜。

三、青藤「跌盪之趣」，成爲「八怪」之源

伴隨著清代學習寫意花鳥的人數增多，徐渭繪畫的受眾面也就會更廣。石濤以後，受其影響的揚州八怪等人〔註69〕常以徐渭爲參取對象，鄭燮說：

> 徐文長先生畫雪竹，純以瘦筆、破筆、燥筆、斷筆爲之，絕不
> 類竹；然後以淡墨水鈎染而出，枝間葉上，罔非雪積，竹之全體，
> 在隱躍間矣。今人畫濃枝大葉，略無破闕處，再加渲染，則雪與竹

〔註68〕寶亞傑編注《石濤畫語錄·石濤畫跋》西泠印社出版社 2006，第 93 頁。順治十四年丁酉（1657）石濤題《黃山圖》和《坐看雲起圖》。

〔註69〕「揚州八怪」究竟指哪些畫家，說法不盡一致。因清末李玉棻《甌缽羅室書畫過目考》是記載「八怪」較早而又最全的，所以一般人還是以李玉棻所提出的八人爲準。即：汪士愼、鄭燮、高翔、金農、李鱓、黃愼、李方膺、羅聘。還有人提到的其他畫家，如：華岩、閔貞、高鳳翰、李勉、陳撰、邊壽民、楊法等，因畫風接近，也可併入。因「八」字可看作數詞，也可看做約數。

其中開頭部分：方，若桂月以空懸，光明洞澈。西廬老人王寸敏書。」轉引自伍蠡甫《中國畫論研究》，北京大學出版社 1983，第 174 頁。

兩不相入，成何畫法？此亦小小匠心，尚不肯刻苦，安望其窮微索
渺乎！問其故，則曰：吾輩寫意，原不拘拘於此。殊不知寫意二字，
誤多少事。欺人瞞自己，再不求進，皆坐此病。必極工而後能寫意，
非不工而遂能寫意也。〔註70〕

　　　徐文長、高且園兩先生不甚畫蘭竹，而燮時時學之弗輟，蓋師
其意不在迹象間也。文長、且園才橫而筆毫，而燮亦有倔強不馴之
氣，所以不謀而合。〔註71〕

「師其意不在迹象間也」，完全是徐渭「不求形似求生韻」的翻版。鄭板
橋曾以五百金換天池（徐渭）石榴一枝，並刻有「青藤門下走狗」一印〔註72〕，
在畫壇一直爲人後津津樂道。

李鱓《畫跋》有：「揚州名筆如林，而寫意用筆之妙，生龍活虎，以本朝
石濤爲最，可與青藤道人並駕齊驅。」〔註73〕其《蕉陰鵝夢圖》題詩：「廿年
囊筆走都門，謁取明師沈逸存。草綠繁華無用處，歸行摹寫天池生。」〔註74〕
鄭板橋題李鱓六十歲時爲退庵禪師所作《枯木竹石圖》云：「此復堂六十內畫
也，力足手橫，大是青藤得意之筆，不知者以爲贋作，直是兒童手眼未除耳。」
〔註75〕這些名家的題句充分顯示了青藤的魅力。

我們再看一下所謂的「揚州八怪」等相關人員的年齡排序：

陳　　撰（1678～1758）

華　　岩（1682～1756）

高　鳳翰（1683～1749）

邊　壽民（1684～1752）

李　　鱓（1686～1762？）

汪　士愼（1686～1759）

〔註70〕張素琪編注《板橋題畫》。西泠印社出版社2006，第20頁。

〔註71〕張素琪編注《板橋題畫》。西泠印社出版社2006，第101頁。

〔註72〕〔清〕袁枚（1716～1798）《隨園詩話》卷六。人民文學出版社1982，第178
　　　頁。

〔註73〕李書銳《李鱓的繪畫藝術及其花卉畫冊（節錄）》，見《揚州八怪評論集》，江
　　　蘇美術出版社1989，第752頁。

〔註74〕吳白匋藏雍正十二年（1734）李鱓四十九歲作《蕉陰鵝夢圖》。由。引自王魯
　　　豫《李鱓年譜》，見《揚州八怪年譜》上冊，江蘇美術出版社1990，第23頁。

〔註75〕薛永年《鄭板橋與李復堂的交遊》，見《揚州八怪考辨集》江蘇美術出版社
　　　1992，第339頁。

金　農（1687～1764）

黃　慎（1687～1770 後）

高　翔（1688～1753）

鄭　燮（1693～1765）

李方膺（1695～1755）

楊　法（1696～1748 後）

閔　貞（1730～　？）

羅　聘（1733～1799）

石濤卒於 1707 年，而羅聘生於 1733，卒於 1799 年，可見其流風影響之久。不僅如此，從前面「青藤」「白陽」並稱方式統計所列人物來看，朱齡（1821～1850）「師徐青藤而有石濤和尙逸韻」，陸筬的「畫在青藤、石濤之間」，師法的對象也在擴大，不僅僅是師法青藤，已經師法隔代畫家了。石濤等寫意畫家也成爲師法的對象，由此可知寫意一派已得到了進一步的發展。

清方薰（1736～1799）《山靜居畫論》概作於 1790 年左右，他對徐渭的評價也很高：

白錢（石）翁蔬果翎毛得元人法，氣韻深厚，筆力沉著；白陽筆致超逸，雖以石田爲師法而能自成其妙；青藤筆力有餘，刻意入古，未免有放縱處。然三家之外，餘子落落矣。

點簇花果，石田每用複筆，青藤一筆出之。石田多蘊蓄之致，青藤擅跌盪之趣。〔註76〕

方薰把白石、白陽、青藤並舉，而石濤、八大等都歸爲「餘子」之類，可見徐渭在其心目中的地位。徐渭成爲「揚州八怪」等寫意畫家的取法對象，自然也是情理之中的事了。蓋自徐沁《明畫錄》對徐渭激賞以來，徐渭畫名在不斷攀升，《山靜居畫論》，基本上是以「有明三家」來給徐渭定位的。

〔註76〕〔清〕方薰《山靜居畫論》，《叢書集成初編》商務印書館民國二十五，第
　　　　18、19 頁。方薰，字蘭坻，一字懶儒，號蘭士，又號蘭如、蘭生、樗盦生、
　　　　長青、語兒鄉農。浙江石門（今崇德）人。性高逸狷介，樸野如山僧。詩、
　　　　書、畫並妙，寫生尤工，與奚岡齊名，稱「方奚」。謝巍《中國畫學著作考
　　　　錄》認爲方薰《山靜居畫論》概作於 1790 年左右，上海書畫出版社 1998，
　　　　第 553 頁。

四、「眞贋各半」與「野狐禪」之論，初現「影蔽」端倪

就在《山靜居畫論》成書不久，陶元藻《越畫見聞》對徐渭也作了不同於前代的總結，一是徐渭的繪畫題材發生了變化：「徐渭，工畫殘菊敗荷，爐瓶彝鼎之屬，皆古質淡雅，別有風致。兼繪山水，則縱橫不拘繩墨，畫人物極其生動。」〔註77〕二是，對其書畫與書法的認識也與以往大爲不同，一百多年前徐沁說：「中歲始學畫花卉，初不經意，涉筆瀟灑，天趣燦發，於二法中，皆可稱散僧入聖，畫上自爲題句，書法更佳。」〔註78〕筆者以爲徐沁的評價是來自正常渠道的認識，是在朱臥庵第一次著錄畫目之前（按：汪砢玉還不能算正常著錄），而陶元藻的評價是「其書有縱筆太甚處，未免野狐禪」，與王士禎《香祖筆記》評徐渭《墨芍藥》「字亦怪醜」相呼應，其評價發生變化正是贗品數量在增加，書與畫風格都出現「影蔽」問題的表現。

徐渭作品的數量與品種，這一時期一直在不正常的增加。我們來看一下來自《石渠寶笈二編》著錄（1793年）的四件作品：

① 《徐渭潑墨十二種》，今藏北京故宮博物院。（疑僞）。

② 《徐渭寫生卷》，有乾隆題畫詩：《鯉》等八種。（未見）

③ 《梅花蕉葉圖》軸，今藏北京故宮博物院。（疑僞）

④ 《榴實圖》，今藏臺北故宮博物院。（疑僞）

四件之中，只有《徐渭寫生卷》未見原作（其中《榴實圖》爲二玄社仿品），從書法與印章的角度看，三件已見作品都屬於疑僞作品，《榴實圖》（圖3-5）題畫書法雖連貫，但不類徐渭風格。所用「湘管齋」印也是今存署名徐渭的作品中少有的僞印，特別是管字中的草字頭下方兩筆的夾角過小這一特徵，明顯不同於北京故宮博物院所藏《墨葡萄》軸所用之印（圖3-6）。《徐渭潑墨十二種》題跋之書法（圖3-7）已經到蹩腳的地步了，其所用「徐渭之印」也幾乎不見於其他作品。〔註79〕《梅花蕉葉圖》軸的書風（圖3-8）有點接近陳淳，但比起陳淳來又要軟弱，且作扭捏的動態，特別是「天池」二字，更見馬腳。

〔註77〕〔清〕陶元藻《越畫見聞》，《中國書畫全書》第十冊，第766頁。

〔註78〕〔清〕徐沁《明畫錄》，《中國書畫全書》第十冊，第28頁。

〔註79〕國家文物局編《鄭振鐸文博文集》收《關於鑒定溥儀所盜書畫的情況報告》一文，其中有「徐渭潑墨十二種爲甚劣之僞品」語，所言作品應當就是這件。文物出版社，1998年12月第1版，第203頁。

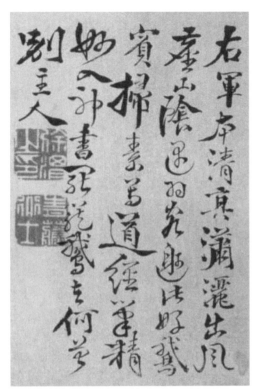

圖 3-5　臺北故宮博物院藏《榴實圖》（疑僞）

圖 3-6　臺北故宮博物院藏《榴實圖》用印（疑僞）

圖 3-7　故宮博物院藏《徐渭潑墨十二種》（疑僞）

圖 3-8　故宮博物院藏《梅花蕉葉圖》軸（疑僞）

　　如果說「野狐禪」類型的書法都是偽作的話，這種認識僅僅來自書法作品嗎？陶元藻「一展卷而眞贗了然」的判斷確有可能，從書、畫、印等多角度的判斷，會比單從某一方面的判斷更有價值。〔註80〕與陶元藻的評論相互印證的材料，還有吳榮光《辛丑消夏錄》（1778 年）中收錄的《跋宋王逸老千文才冊》說：「徐渭猖披散漫則又誰之咎也？」〔註81〕以及乾隆四十一年，陳崇本買得明正德丁卯具有「筆勢縱逸」風格的偽天池（徐渭）書聯。〔註82〕可以認爲以上列舉的這些作品都與「野狐禪」之論相呼應。

　　我們還可以舉出同一時期見諸著錄的可見圖版的部份疑偽作品。如 1796刻，上虞王望霖撰集《天香樓藏帖》著錄兩件：

　　其一、《與柱國禮部書》（圖 3-9）〔註83〕故宮博物院藏。從書法看比較呆滯，非徐渭風格。

　　其二、《煎茶七類》（圖 3-10）〔註84〕，此件有榮寶齋藏墨蹟本。此件風

〔註80〕 〔清〕陶元藻《越畫見聞》：其書有縱筆太甚處，未免野狐禪，故易於偽作；至其畫高超靜遠，雖慧心人猝難摹仿，是以一展卷而眞贗了然，學步者無從躱閃。《中國書畫全書》第十冊，第 766 頁。

〔註81〕 〔清〕吳榮光跋《宋王逸老千文才冊》，見《辛丑消夏錄》，《中國書畫全書》第十三冊，第 866 頁。

〔註82〕 〔清〕翁方綱《翁方綱題跋手札集錄》收錄《跋徐天池書（爲張瘦銅摹本）》，原文：乾隆丙申正月，陳伯恭吉士買得徐天池書一聯，云「腹中饑冷磨難熬，頭上霜濃曬不消」。旁云「正德丁卯書於秋澗堂，天池徐渭」，筆勢縱逸。張瘦銅舍人見而愛之，舍人有董香光書七律卷，香光得意書也。吉士欲以董卷相易，舍人難之，乃屬余臨此，意欲以傲吉士也。余之臨本顧何足道？而舍人、吉士風雪挑燈，一時流連往復之致，當日青藤老子秋澗堂中落筆時固無此段風味矣。雪後旬日，復連晨小雨，二公見過詩境小軒論詩，走筆識此。適爲瘦銅舍人臨《徐天池書楹帖》。既而考之袁中郎所爲《徐文長傳》，不載文長生卒年月。文長十餘歲爲諸生十餘年，薛公蕙校越時奇其才，中丞胡公宗憲聞之，客諸幕，此皆文長早年受知之事也。薛校越士則薛傳無之，然薛君采，正德九年始成進士，其出使於越，亦必當嘉靖中矣，而胡按浙江則在嘉靖三十三年。丁卯爲正德二年。文長早慧，即使十餘歲已能大書，計其受知於胡，已將六十歲矣，無是理也。文長辛時年七十三，而其集中有萬曆十八年十二月朔之詩，則當正德二年丁卯，文長尚未生也。臨畢始覺其誤，而舍人以詩來謝，遂來韻解嘲答之。《翁方綱題跋手札集錄》，廣西師範大學出版社 2002，第 350 頁。

〔註83〕 《與柱國禮部書》，見《中國書法全集 53 徐渭》榮寶齋出版社 2010，第 70、71 頁。

〔註84〕 容庚《叢帖目》（二），中華書局香港分局 1981，第 555 頁。徐渭《與柱國禮部書》故博藏，見《中國書法全集》第 70、71 頁，榮寶齋藏《煎茶七類》，見《徐渭草書二種》榮寶齋出版社 2000。

格與下文辨偽的故宮博物院藏《墨花九段卷》等屬於同一作者（見第四章第二節個案五）。

1796 刻金榘撰集《清嘯閣藏帖》著錄兩件：

其一、《初進白鹿表》（圖 3-11），字形勢態單一，與徐渭風格不合。

其二、《謁孝陵、天壇》（圖 3-12）〔註 85〕，結字怪異且疏密不當，與徐渭風格不合。

1816 年《石渠寶笈三編》著錄一件：

臺北故宮博物院藏《杜甫秋興八首冊》，有偽「墨林密玩」印。〔註 86〕

1821 年前後沈啓溶《鳴野山房書畫記》著錄一件：

大連文物商店藏《蜀道難書卷》，其尾款仿上博藏《春園》卷「隆慶」元年等字（圖 3-13）。其款日：

> 隆慶改元秋八月之望，午魄朗規，醉而脫癢，不煩缸燊，兔毫可數，因書此於芭蕉之塢，明日醒視之，幾欲裂紙。《蜀道難》可得南宮之五六，至其他，僅大令之二三耳，黃鵝道士十六日粥罷跋。（圖 3-14）〔註 87〕

月下作書，不能說不可以，但據徐渭《畸譜》的記載，隆慶改元，徐渭在獄。不可能有「書此於芭蕉之塢」的事發生。從「隆慶」與「之望」等字來看，應當是仿自上博藏《春雨》長卷的款字，只是外形略像，神采上遠遜於上博卷。從這兩方面看，此卷已十分可疑。而此卷正文部份，以草書體為主，字形略長，與徐渭同期真跡相比顯得軟弱無力，結字也松垮而缺少張力，不但不是其自言的「幾欲裂紙」的用筆，反而是滿紙流媚的書法風格，與《春雨》長卷根本不可相提並論。相近年代所書，不應該有如此反常現象。

更值得我們注意的是，此前沒有人對徐渭作品提出質疑，而現在竟然有很多人說贗品過多，如 1797 年張廷枚跋偽《春興詩》冊（見第四章第二節個案）說：

> 天池先生自品平生筆墨，以書居第一，識者以為至論，遺跡為四方爭購，近日流傳唯贗本而已……嘉慶丁巳（1797）春，羅山山人識，時年六十有八。

〔註85〕容庚《叢帖目》（二），中華書局香港分局 1981，第 528 頁。《謁孝陵、天壇》圖版見過大江編《徐渭墨蹟大觀》，上海人民美術出版社 2000 年。20～25 頁。

〔註86〕劉正成主編《中國書法全集 53 徐渭》，榮寶齋出版社 2010，第 341～350 頁。《石渠寶笈》三編成書於嘉慶二十一年（1816）。

〔註87〕劉正成主編《中國書法全集 53 徐渭》，榮寶齋出版社 2010，第 68、69 頁。

圖 3-9　故宮博物院藏《與柱國禮部書》
部份（疑僞）

圖 3-10　榮寶齋藏《煎茶七類》部
份（疑僞）

圖 3-11　紹興青藤書屋藏《初進白鹿
表》部份（疑僞）

圖 3-12　南京市博物館藏《謁
孝陵天壇》部份（疑僞）

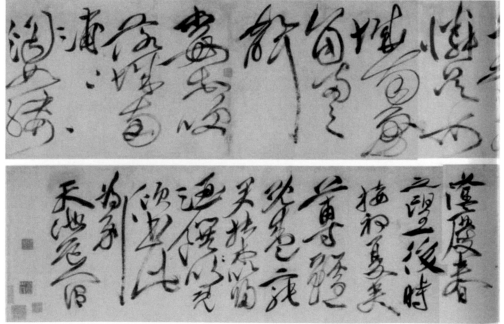

圖 3-13　上海博物館藏《春園》卷尾款與部份草書（眞）

圖 3-14　大連文物商店藏《蜀道難卷》（疑偽）部份仿自上博藏《春雨》長卷的款字。

1828 謝蘭生《題徐渭草書卷》（圖 3-15）：

　　天池書畫，市上贋本甚（最）多，書尤鄙俗可厭。予往往一見
斥去。竊疑享大名者，不應至是。及閱真本，縱筆寫，（去）粗頭亂
服，亦有雲鶴遊天、群鴻戲海之妙，（此卷）筆氣奇逸，草章一幅，
尤駸駸入古。天池嘗云：吾書第一，次詩，次文，次畫，今觀此卷，
益信。〔註88〕

圖 3-15　香港藝術館藏《徐渭草書卷》（疑偽）謝蘭生題

〔註88〕〔清〕謝蘭生《常惺惺齋書畫題跋》卷下，澳門：文集圖書公司 1974。文集
　　　　對原跋內容有所修訂，故與墨蹟文字稍有區別。

此卷現藏香港藝術館，又名《天瓦翁卷》。原款時間爲「戊子一月廿七日燈下，里甫謝蘭生題。」雖然余紹宋對其評價頗高：「里甫書畫俱精，實由所見者富所蘊者深，故持論多獨到之談，鮮膚泛之語。」〔註89〕但筆者以爲謝先生對徐渭書法並不是很瞭解，只要從「明朝不用雨中登」幾個字，就可以看出此卷也是有問題的作品。

1852年湯雨生、潘曾瑩跋《明徐青藤畫冊三十六幀》：

> 青藤畫筆眞絕奇，人所不畫我畫之。儈父紛紛直取鬧，大書青藤名敢盜。世無瞽者此輩窮，豈知眞跡歸吳公。咸豐壬子（1852）六月十一日。湯雨生揮汗題於白門琴隱園。

> 予見青藤墨蹟甚夥，眞贗各半，眞者縱橫跌宕仍復思精法密，非尋常模仿家所能夢見。是冊元氣淋漓，墨采煥發，包羅萬象，自成一家，不獨庸史無從臨摹，即使青藤自臨，亦不能若斯之神妙不測也。「文章本天成，妙手偶得之」，不信然與？船庵夜坐滌硯題此。

> 時月上窗欞，梅影如畫，眞覺清韻逼人矣！星齋潘曾瑩識。〔註90〕

湯、潘所見作品與《夢園書畫錄》所藏的四十開畫冊原爲一本，是《明徐青藤畫冊三十六幀》的另外一半，即方濬頤記錄《明徐文長畫冊》（1875年成書，錄自家藏品）：

> 紙本，今尺高八寸餘闊一尺一寸三分，冊係推篷式自記本，八十開今只存其半。純用墨筆，山水、花木、人物無不悉臻化境，青藤眞跡固不易得，況此巨冊尤所罕覯，失去其半，倘他日能延平劍合更爲快事。〔註91〕

我們還能看到民國的珂羅版印刷本，以其中第十一頁爲例（圖36），其題畫的書法，已經無一絲徐渭的特色，且每一頁都蓋有「吳歷之印」，查吳歷（1632～1718）資料，沒有發現提及徐渭的，也未見吳歷有收藏經歷。徐渭作品到

〔註89〕 余紹宋編撰《書畫書錄解題》北京圖書館出版社，2003，第375頁。原文：「是編所錄有題名跡者，有題自作者。而以題名跡者爲多，前無序例，當爲里甫隨手錄存，或其歿後他人鈔集而成者，未經編訂故無倫次，亦無歲月可稽，僅約略釐爲二卷而已，里甫書畫俱精實，由所見者富，所蘊者深，故持論多獨到之談，鮮膚泛之語。他家輯錄題跋，恒多載及詩詞，徒廣篇章，無稗實際，是編不然，亦其長也。」
〔註90〕 〔清〕龐元濟《虛齋名畫錄》卷十二，《中國書畫全書》第十二冊，第542頁。
〔註91〕 〔清〕方濬頤《夢園書畫錄》，《中國書畫全書》第十二冊，第269頁。

道光間已然一大名家，這麼多作品號稱巨跡，價格應該頗高，每頁都鈐吳歷印鑒，應該是作偽者爲了顯示作品的年代而後加的。吳歷在雍正以前就去世了，通過考察可以發現，此前從沒有這類風格的徐渭書畫作品出現過，所以，這件作品不會早於吳歷去世前出現。潘氏「眞贋各半」的說法，一點也不誇張。

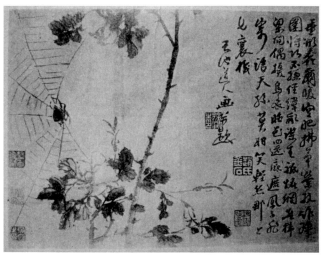

圖 3-16　民國 13 年珂羅版影印壯陶閣藏《徐青藤花卉冊》（疑偽）
十一頁，月季一枝直透紙外含苞倒垂，下有子枝一花一蕊。右纏蛛網，三面社公雄據，其中經緯，殊不可測。鈐印同第九頁。

釋文：垂形蠢爾腹空肥，拂草縈枝作陣圖。恃巧不嫌經緯亂，謀生只怪綱羅稀。梁問偶擾烏衣睡，花底還遮鳳於飛。寄語天孫莫相笑，輕絲那上七襄機。天池老人畫並題。

五、徐渭畫風，被「影蔽」在「青藤白陽間」

　　清李佐賢《書畫鑑影》同治十年（1871）成書（據自序），所錄以精品著稱，他的著錄中就有「天下第一徐青藤」之美譽的南京博物院藏《雜花圖卷》，也曾著錄「驅墨如雲，運筆如風」的北京故宮博物院藏著名《墨葡萄》軸，不知何因這兩件作品此前都未見著錄，這時已經是接近徐渭去世 280 年了。

　　筆者以爲這兩件作品流傳的過程比較隱秘，而今流傳的贋品中可以說一半以上都與這兩件東西有著不可割捨的聯繫，如水墨牡丹、石榴、荷花、梧桐、菊花、南瓜、扁豆、紫薇、葡萄、芭蕉、梅、蘭、竹等等題材，都成爲贋品取之不盡的素材。而其中《墨葡萄》軸上的「湘管齋」大印，也被化身「千百」（筆者統計不下 20 方相異的），就連《墨葡萄》上的題畫詩「半生落魄已成翁」也被多次採用（見第四章第三節），但書法風格都不類徐渭，且水平較差，《雜花圖卷》上的「天池山人徐渭戲抹」的書寫方式、以及署名方式也多次被仿作，如「天池山人渭」、「天池道人渭」、「天池道士渭」等等。

　　據袁宏道《徐文長傳》介紹，袁宏道兩次見到徐渭書法「單幅」上面都是「田水月」款（沈德符《萬曆野獲編》說其畫的題署則託名「田水月」等號是也。徐沁《明畫錄》徐渭小傳也說其畫署款「田水月」），按照這個邏輯，徐渭書畫作品上應該有大量署名「田水月」的作品，但今天《中國古代書畫圖目》中，書法作品無一例用「田水月」署款，畫上也很少有用「田水月」的。筆者以為，這些作偽者也沒有見到過徐渭此類「田水月」作品，故不曾仿作。《芥子園畫傳初集》選入《徐文長畫並詩》有「天水月」款的山水畫，與徐渭風格並不相類。

　　即便李佐賢得見徐渭精品比一般人多，但他依然有被偽徐渭作品迷惑，如他曾著錄偽扇面一件：「天啓戊午秋九月，天池山人渭（草書三行）。」〔註92〕天啓（1621～1627）是徐渭去世後 28 年才有的年號，且無「戊午」年，萬曆四十六年（1618）為戊午年，紀年如此荒唐的作品，他也信以為真。

　　隨徐渭聲名漸苞，徐渭書畫贗品的數量也與日俱增，徐渭書畫在被後人接受的過程中，其精品被後人推崇，但贗品也同時被接受，導致其書畫風格被偽風格所「影蔽」，「影蔽」問題或許從《芥子園畫傳》在入編徐渭畫作的時候，就已經非常顯著，與其說把仿徐渭或臨徐渭的作品刻入畫譜是對徐渭的一種推介，不如說它的推介也是對徐渭真實風格傳播的一種干擾，當然最為嚴重的還是過半的贗品造成的。那麼，到底是怎樣的一種風格干擾了徐渭原有的風格呢？筆者以為是當時畫家所謂的「青藤道士法」、「青藤白陽間」的畫法。既然是「青藤白陽間」，就表示既不是「青藤」，也不是「白陽」，只不過是水墨寫意的代名詞而已。在前面我們已經分析過，凡有繪畫常識之人都清楚「青藤」與「白陽」本來是不太相似的兩種畫法，現在用「青藤白陽間」，其指向是什麼呢？似乎他們所表達的「寫意」就是「青藤畫法」，以至以訛傳訛，改變了人們原先比較純粹的認識，我們在《徐渭書畫接受簡表》（見附表一）中可以舉出一系列受其影響，或直接師法的畫家：

　　　　陳原舒（1612～1682）：所作花鳥草蟲在陳道復、徐青藤之間。

　　　　梅清（1623～1697）：用青藤道士法。

　　　　石濤（1642～1707）：青藤筆墨人間寶。

　　　　岳瑞（1671～1704）字正子，號兼山。……有墨筆芝蘭立幀意

〔註92〕〔清〕李佐賢（1807～1876）《書畫影鑒》卷十五《明人扇面集冊》。《續修四庫全書》（子部‧藝術類）第 1086 冊，第 31 頁。

似徐天池。

李方膺（1679～1755 後）：筆意在青藤、竹憨之間。

汪泰來：康熙辛卯（1711）舉人，善花草意致在白陽、青藤之間，尤長松石。

邊壽民（1684～1752）：常在得意作品上題上「筆意在白陽、青藤之間」。

杜曙：善水墨花草，灑落自適，有徐天池風。

鄭板橋（1693～1765）：青藤門下走狗。

潘是稷，字南田。寫雜卉，有徐文長筆法。

李鱓（1686～約 1762）《蕉陰鵝夢圖》題詩：「草綠繁華無用處，歸行摹寫天池生。」

勵宗萬（1705～1759）字滋大，號衣園，……與張照齊名。時稱「南張北勵」。沈西坪處士藏有奉敕畫設色《五清圖》大橫幅，似青藤而較工致，楷書名款一行。。

陸涽字抗雲，號梅渡。在沈仕、徐渭之間。

呂星垣字叔訥。……錢文敏之甥也，工花草法徐天池。

薛素素：素卿寫意牡丹近徐文長派。

邵梅臣（1776～1841 後）為王菊坡畫《荷葉》跋：此中妙理惟青藤老人知之。為譚季祥作《蝸舍圖》跋：復仿青藤老人意寫此。

邵梅臣為吳河槎畫大寫《人物》跋：青藤老人雖有兼長，而議者言其落筆近怪。

張祥河（1785～1862）字元卿，號詩齡。……花木得改琦傳，後宗青藤、白陽。

許鏞，字蘭谷。……谷恆以舊紙尺幅，迅掃面成，宛然青藤道人。

朱履端，字端叔，號濬谷，桐鄉人。乾隆壬戌（1742）進士，善畫近徐青藤。

孫志皐，字石林，號石道者。……畫類白陽、天池兩家。

朱齡（1821～1850 年），字菊姹，……花鳥宗青藤，山水法石濤。

周棠（1806～1876），字召伯。……山水花木師白陽、青藤。

宋霖，字六雨。……高懿伯戎部藏有墨花卉冊頗近徐天池。

　　邊壽民題款「筆意在青藤、白陽之間」，用筆是指向速度與力度，而並不一定指向潑墨。許鏞「以舊紙尺幅，迅掃面成，宛然青藤道人」，「迅掃面成」，講的也是速度。而陳原舒「所作花鳥草蟲在陳道復、徐青藤之間」，指向不明。邵梅臣《爲吳河槎畫大寫人物跋》說：「青藤老人雖有兼長，而議者言其落筆近怪。」這就明顯不是「青藤」的作風了。「設色《五清圖》大橫幅，似青藤而較工致」，更有莫名其妙的感覺，既然工致了怎麼還會有徐天池風格呢？對徐渭的理解明顯存在誤讀。既然不是純粹師法「青藤」，也不是師法「白陽」，所以我們也就無法指認其中誰是接「青藤」衣缽者。對於師法者也不會被僞「青藤」所圍，也不去追究他們所看到的「青藤」是否爲眞「青藤」，在這樣一種狀態下，眞正能得「青藤」神髓者，當然只能是少數有機會見到眞「青藤」，並能夠取其精華者。雪個、大滌子就是其中的頂級人才。齊白石說：「青藤、雪個、大滌子之畫，能橫塗縱抹，餘心極服之，恨不生前三百年，或爲諸君磨墨理紙，諸君不納，余於門之外，餓而不去，亦快事也。餘想來之視今，猶今之視昔，惜我不能知也。」〔註93〕

　　吳昌碩說：「青藤畫，奇古放逸，不可一世，似其爲人。想下筆時，天地爲之低昂，虬龍失其夭矯，大似張旭、懷素草書得意時也。不善學之，必失壽陵故步。」〔註94〕他們似乎在給「青藤」正名，但吳昌碩題跋的徐渭畫作中也有贋品，如故宮博物院藏題首有「識得東風」的《花卉十六種卷》冊（見第四章第二節個案六），筆者以爲就是疑僞作品。因此筆者覺得徐渭繪畫作品的眞實風格不能凸顯，也與很多學畫或評畫者對「青藤白陽」的模糊認識不無關係。

　　徐渭作品在這樣一種眞僞混雜，風格「影蔽」的狀態下，再加上陶元藻「野狐禪」之論的流佈，徐渭「奇人」形象的傳播，給作僞者也留下了極大的想像空間。在徐渭書畫「贋品過半」的情況下，幾乎與徐渭書畫風格毫不相干的書畫作品，都被貼上「青藤」的標簽，也就毫不奇怪了。徐渭故鄉紹興也一直流傳著徐文長的故事，紹興方言中「徐」與「奇」字的發音相同，是否也爲「徐（奇）文長」的形象增添了某些神秘色彩。

　　明代沈周、文徵明有人仿騙，八大山人出名了仿八大山人，石濤出名了

〔註93〕齊白石《老萍詩草》，見《齊白石畫論》，河南人民出版社1999，第40頁。
〔註94〕〔清〕吳昌碩《缶廬詩別存》卷一《葡萄》，《續修四庫全書》集部第1570冊，第673頁。

仿石濤，揚州八怪、吳昌碩、齊白石也有被仿冒的，但他們多爲生前出名，真跡流傳很廣，不至於風格被「影蔽」，贗品對名家的衝擊，可能反映在徐渭身上尤爲與眾不同。

「影蔽」問題在書畫史研究過程中可以分爲多種情況，也有不同層次的區分，如：

一種是作者沒有可靠作品流傳，使人無法考察。如董源繪畫作品，就因爲不能確認其風格，以至《瀟湘圖》等存在爭議〔註95〕。還有王維的繪畫、張旭的草書等，沒有一張能夠確認是真跡的標準件，因此也就無法判斷其確切的風格；

二是作品真偽混雜，或真跡比較少見，不能確認其風格。如徐渭尤爲典型。真跡也混雜其間，但真作品少，贗品多，掩蓋了人們徐渭真實風格的認識。

三是，部份名家，在大家都能確認標準件的情況下，對於他們不同階段的風格鑒定，也會出現類似搞不清的問題。如對黃庭堅的《砥柱銘》的懷疑就屬於分期過程中出現的問題。

書畫風格「影蔽」問題是書畫史研究過程中，經常會遇到的實際問題，需要認真對待。風格可以通過語言描述，但在缺少圖象對照的情況下，往往會出現比較大的分歧，因此，我們很有必要對今存徐渭作品進行疏理。對徐渭書畫的認識早在乾隆以後，就已經在不知不覺中發生了很多變化，所以才有陶元藻給徐渭的書法冠以不應有的「野狐禪」之名，這些也給後人辨識徐渭留下了諸多陷阱。亦有書畫著錄與名家對贗本信以爲真的題跋，又進一步加深了後人對徐渭書畫的誤讀。

這種現象的發生自有其特殊的原因，徐渭作品流傳的確實太少，而身後名氣又太大，以至讓圖謀不軌的人有機可乘，但凡徐渭文集中有題畫詩者，其題材均可爲後來作僞者利用，有仿沈周的、有仿陳淳的都被列入徐渭名下。有精仿的、有粗製的，有搞怪的，有自以爲是的，……不知有多少個版本的「徐渭」。涉及題材之廣，尺幅之大、品式之多，無所不及，以至存世作品總量，與其在世時的名氣出現了不應有的反差。傳之愈久，迷障愈厚，故我們有必要進行一番清理，還徐渭原始真身。

〔註95〕 參見丁羲元《〈夏景山口待渡圖〉與〈夏山圖〉、〈瀟湘圖〉之真僞》，《中國書畫》2004/10。